宇宙人リーディング

理系秀才編

金星ルーツの宇宙人が語る

大川隆法
RYUHO OKAWA

まえがき

少し毛並みの変わった本である。ＨＳＵ（ハッピー・サイエンス・ユニバーシティ）に未来産業学部があるが、未来科学のヒント集が、まだ十分ではないと考えていた。そこで、代表的な理系秀才の一人であるＩ君の潜在意識をディープに探り、宇宙ルーツの意識を呼び出してＱＡをやってみた記録としての「宇宙人リーディング」である。

ただ、通常は対象者を目の前にして宇宙人リーディングをやっているが、この回は、対象者は、千葉県の九十九里浜《くじゅうくりはま》に臨するＨＳＵの本部校舎にいるままで、私が、東京都にある幸福の科学　特別説法堂にて遠隔《えんかく》リーディングを行った。私には時間も距離も関係ないのである。
ある意味で宇宙工学と霊界科学をミックスした興味深い本になっている。信仰理系人必読の一書かもしれない。

二〇一八年　八月三十一日

幸福《こうふく》の科学《かがく》グループ創始者兼総裁《そうししゃけんそうさい》
HSU（ハッピー・サイエンス・ユニバーシティ）創立者　大川隆法《おおかわりゅうほう》

宇宙人リーディング　理系秀才編　目次

宇宙人リーディング　理系秀才《しゅうさい》編

――金星ルーツの宇宙人が語る――

二〇一六年十一月四日　収録
幸福の科学　特別説法堂《せっぽうどう》にて

「宇宙人リーディング」とは、地球に転生《てんしょう》してきた宇宙人の魂《たましい》の記憶《きおく》を読み取ることである。あるいは、宇宙人当時の記憶を引き出してきて、その意識で語らせることもできる。また、リーディングを「遠隔透視《えんかくとうし》」（特定の場所に霊体《れいたい》の一部を飛ばし、その場の状況《じょうきょう》を視《み》ること）の形式で行い、その場の宇宙人の魂に語らせる場合もある。その際、宇宙人の魂は、リーディングを行う者の言語中枢《げんごちゅうすう》から必要な言葉を選び出し、日本語で語ることも可能である。なお、その際に語られる内容は、あくまでも霊人《れいじん》（宇宙人の魂）の意見であり、幸福の科学グループとしての見解と矛盾《むじゅん》する内容を含《ふく》む場合がある点、付記しておきたい。

宇宙人リーディング　理系秀才《しゅうさい》編

――金星ルーツの宇宙人が語る――

二〇一六年十一月四日　収録

幸福の科学　特別説法堂《せっぽうどう》にて

〔対象者〕

Ｉ（ハッピー・サイエンス・ユニバーシティ未来産業学部二年）

金星ルーツの宇宙人

金星をルーツとし、幾《いく》つかの星を経由して地球に来た宇宙人。金星ではユリ星人の創造を手伝った。

〔質問者〕

大川紫央《おおかわしお》（幸福の科学総裁補佐《ほさ》）

武田亮《たけだりょう》（幸福の科学副理事長 兼《けん》 宗務《しゅうむ》本部長）

久保田暁《くぼたさとる》（幸福の科学常務理事 兼 宗務本部庶務《しょむ》局長 兼 財経局長）

［役職等は収録時点のもの］

1　ある理系秀才《しゅうさい》の学生の宇宙人リーディングを試みる

「宇宙工学」と「霊界《れいかい》科学」を結びつけたい

大川隆法　宇宙人リーディングはしばらく休んでいましたが、久しぶりにやってみようかと思います。やはり、これは知識の蓄積《ちくせき》として、ある程度、持っておかなければいけないものでしょう。

幸福の科学は、アニメ映画「ＵＦＯ学園の秘密」―〝The《ザ》 Laws《ローズ》 of《オブ》 The《ザ》 Universe《ユニバース》 - Part 0《パートゼロ》〟―（製作総指揮・大川隆法）を二〇一五年に公開しましたが、今は、次の作品である「宇宙の法―黎明《れいめい》編―」―〝The《ザ》 LAWS《ローズ》 of《オブ》 the《ザ》 UNIVERSE《ユニバース》 - PART Ⅰ《パートワン》〟―の制作をしているところです。さらに、「Part Ⅱ《パートツー》」、「Part Ⅲ《パートスリー》」とつくる予定なので、宇宙人リーディング等で、もう少し内容の厚みをストックとして持っておかなければいけないと考えているのです。

そこで今日は、宇宙人リーディングとして、「理系秀才編《しゅうさいへん》」というものを一つやってみようかと思います。

実は、先般《せんぱん》、ハッピー・サイエンス・ユニバーシティ（ＨＳＵ）の文化祭「ＨＳＵ祭」に行ってきたのですが、理系のほうの実験等もかなり進んでいるようではあるものの、宇宙関連となると、既存《きそん》のテキストだけでは十分ではないところがあるようでした。もちろん、今は当会も開拓中《かいたく》ではありますが、「宇宙工学」と「霊界科学《れいかい》」とを架橋《かきょう》するというか、結びつけるような領域のテキストの一部なりとも、つくっていけないかと考えているわけです。

映画「宇宙の法—黎明編—」（製作総指揮・大川隆法／2018年10月12日日米同時公開予定）

また、私としても、専門的な学問としては勉強不足であり、基礎《きそ》的なところが理系的に十分説明できないでいるのはたいへん申し訳なく思っています。いずれ暇《ひま》ができたら、理系の勉強もやり直してみたいとは思っているのですが、残念ながら、そう簡単にスッといくとは思いません。しかし、必要が出てくれば、やらざるをえないとは考えています。

なお、四十年くらい昔になりますが、私は、医学部を受験していれば受かったと思います。「四十年前」といったら話にならないかもしれませんが（笑）、当時、私は文系でも理系でも両方できました。数学や理科もよくできたのです。東大受験の際も、理系

●ハッピー・サイエンス・ユニバーシティ（HSU）……　2015年4月に開学した「日本発の本格私学」。「幸福の探究と新文明の創造」を建学の精神とし、「人間幸福学部」「経営成功学部」「未来産業学部」「未来創造学部」の4学部からなる。千葉県長生村《ちょうせいむら》（右写真）と東京都江東区（左写真）にキャンパスがある。

へ行った人たちに、文系の私が、「数学は、四問中三問半、解いた。だいたい九割解けた」と言ったところ、みんな、「へえ！」と言って驚《おどろ》いていました。私はそんなにすごいことだとは思わなかったのですが、文系にしてはできるほうだったらしいのです。

理科にしても、専門的な勉強はしていなかったとはいえ、三教科ぐらいはよくできたので、私としてはさほど苦手《にがて》意識はありません。ちなみに、「医学部に行け」という声も一部あったのですが、私は人体の解剖《かいぼう》など、血を見るのがあまり好きではないので、それは最初からターゲットからは外していました。手が痺《しび》れてきて鉛筆《えんぴつ》が持てなくなりますし、理科の実験室に行くときも、「ああ、たまらない」という感じだったので、これは駄目《だめ》だと思って避《さ》けたわけです。ただ、才能がゼロということではないと思います。

ともかく、当時、「東大の文Ⅰに上位五十番以内で受かるぐらいの人は、東大の理Ⅲを受けても点数的には受かる」と言われていましたし、私はもう少し上まで行っていたので、医学部でも受かっただろうとは思うのです。

そういうわけで、かすかに専門知識が足りないながらも、ポテンシャルとしては、アプローチしても許される範囲《はんい》にいるのではないでしょうか。足りなければ、今後、勉強したいとは思っています。

ＨＳＵの文化祭で本人と会って話した印象

大川隆法　ところで、実を言うと、ＨＳＵ祭へ行ったときに、当時、理系（未来産業学部）の二年生だったＩ君と会って、少し話をしました。私は、「君の宇宙人リーディングをやろうかと思ったんだけれども、『学生だから、それをやると嫉妬《しっと》されて、潰《つぶ》されるといけない』と周りが言うので、やっていないんだ」と言ってカマをかけてみたのです。そうやって本人の顔色を見てみたところ、興味はあるような感じでした。

ただ、今日のリーディングの内容と本人の気持ちを考えて、今のところ、実名を出すかどうかについては別にしておきたいと思います。

この人をターゲッティングして宇宙人リーディングをしても、かなりの理系的秀才ではあろうし、人物的には温厚《おんこう》でバランスの取れた人柄《ひとがら》であるし、また人気のある方でもあるので、いちおう、悪質宇宙人は出てこないのではないかと推定されます。おそらく、良質系の宇宙人が出てくると推定されるので、ある意味で信用できる内容を録《と》れるのではないかという期待は持っているのです。

宇宙人リーディングシリーズ（一部）

（上左から右へ）『宇宙人との対話』『宇宙人リーディング』『宇宙からのメッセージ』『宇宙人体験リーディング』
（下左から）『レプタリアンの逆襲Ⅰ』『レプタリアンの逆襲Ⅱ』
（いずれも幸福の科学出版刊）

「宇宙」と「霊界」、あるいは、われわれの説いている宗教的「法」とマッチングできる部分について、文系的に分かる言葉でも構わないので、可能なら、何とか説明してもらえないかなと思います。そのような取っ掛《か》かりができれば、おそらく、未来産業学部にとっても、何らかの参考になるのではないでしょうか。そういうことで、〝聖なる犠牲《ぎせい》〟の一部を担《にな》っていただこうかと思っています。

本人にとってはよし悪《あ》しは分からないところはありますが、いじめられることはないでしょう。おそらく、比較《ひかく》的有望な、優良な宇宙人が出るのではないかと思っていますし、「メカ（機械装置）」についてというか、「原理」のようなことについて、ある程度語れる可能性がある人の一人かなと思っています。

遠隔《えんかく》（透視《とうし》）ではあまりやったことはありませんが、できないことはないので、やってみましょう。では、始めます。

（合掌《がっしょう》し、瞑目《めいもく》する）では、ハッピー・サイエンス・ユニバーシティの（手を軽く叩《たた》きながら）、未来産業学部、Ｉ君の宇宙人リーディングを始めたいと思います。

（約五秒間の沈黙《ちんもく》。手を軽く一回叩く）

Ｉ君の宇宙の魂《たましい》にアクセスをかけ、宇宙人リーディングを開始したいと思います。

どうぞ、魂の内の内なる宇宙人の魂よ。できましたら、幸福の科学に出てきてくださり、われわれが今、関心を持っている領域について、何らかの意見を述べてくだされば、幸いかと思います。

Ｉ君の魂のルーツのなかにある、宇宙人の魂よ。どうか出てきてくださって、われらに何らかの知識、智慧《ちえ》、あるいは、未来の方向性等、教えてくれるものがありましたら、お願いしたいと思います。

（合掌した手を上下に揺《ゆ》らす。約十秒間の沈黙）

2　宇宙の遺伝子工学による生物デザイン

さまざまな星を経験しているが、「ルーツを言えば、金星人」

宇宙人　ああ、うーん……。

武田　おはようございます。

宇宙人　うーん、はい。

武田　Ｉさんの魂《たましい》に深く関係する宇宙人の方でいらっしゃいますか。

宇宙人　うーん、そうですねえ。

武田　今日はありがとうございます。まず、あなた様が、どのような宇宙人であるのかを伺《うかが》いたいと思うのですけれども、ご自身は、どちらの星から来られた方なのでしょうか。

宇宙人　うん？　どちらの星から？

武田　はい。

宇宙人　うーん、幾《いく》つかは経験があるので。でも、みなさまがたの本流から大

●エル・カンターレ　地球系霊団の最高大霊。地球神として地球の創世よりかかわり、人類を導いてきた存在。「エル・カンターレ」とは、「うるわしき光の国、地球」の意。『太陽の法』（幸福の科学出版刊）参照。

きく離《はな》れていないと思います。エル・カンターレ系団の主流の方々が経験なされたような経験は、だいたい積んできたというふうに考えております。

武田　具体的に、星や星団の名前で言うとしたら、どこでしょうか。

宇宙人　いや、だから、幾つかは経験しているので、何星人と言っていいのか、自分でもちょっと分かりかねるんですけども。有名どころは、だいたい経験はしてきているし、みなさまがたがお乗りになる宇宙船等をつくる際にも、いろいろとお力をお貸し申し上げているので。「私は何星人か」って言われても、うーん……。

でも、ルーツを言えば、金星人かなあ。

●金星人……　太古の金星には、高度な知性と優美さをたたえた文明が栄《さか》えていた。他の惑星とも宇宙船で交流できるほどに進化したが、数億年前の火山の大爆発によって生命が住めない星となった。その後、金星人の魂の一部をもとにして、地球人の魂が創造された。『太陽の法』（前掲）参照。

武田　金星人ですね？

宇宙人　うん。だから、金星時代の記憶《きおく》があります。それから、金星から離れて、ほかの星をですね、幾つか旅をしてから、また地球にやって来た覚えもあります。

ですから、プレアデスも、ベガも経験しておりますし、ケンタウルスα《アルファ》も経験しておりますし、それから地球にも来ておりますので、けっこう、宇宙的にはあちこち経験していると思います。

宇宙では「文系」「理系」と明確に分けられるものではない

武田　現在は地球人として転生《てんしょう》して、ＨＳＵの未来産業学部に入

●プレアデス　「昴《すばる》」とも呼ばれる、おうし座にある散開星団《さんかいせいだん》。プレアデス星団には、「美」と「愛」を重んじ、欧米人に近い外見を持つ人類型宇宙人が住んでいる。「魔法」や「ヒーリングパワー」が使える。『ザ・コンタクト』（幸福の科学出版刊）等参照。

●ベガ　琴座《ことざ》にある一等星。ベガ星系に住む宇宙人は、相手に合わせて外見を自由に変えることができ、性別は男性、女性、中性が存在する。「高度な科学技術」と「ヒーリングパワー」を持つ。『ザ・コンタクト』等参照。

●ケンタウルスα……　ケンタウルス座α《アルファ》星には、科学を重視する種族と信仰を大切にする種族がいたが、科学を重視する種族が優勢になり、信仰を大切にする種族は他の星に移住した。『ザ・コンタクト』等参照。

学されて勉学に励《はげ》まれていると思います。

地上では理系という分野になるのですが、あなた様から見ると、自分は文系か理系かについて、どう思われますか。あるいは、いろいろな経験のなかで、どのような人物であったのでしょうか。

宇宙人　まあ、宇宙の世界でいくと、「文系」「理系」と言いましても、今の地球科学のレベルから見ると、理系的な部分について、ある程度、学問やテクノロジーについての見識がないといけない。

映画「太陽の法」(製作総指揮・大川隆法／2000年公開)で描かれた金星文明の様子。

まあ、言ってみれば、ほぼ全員宇宙飛行士みたいなものでしょ？　今、地球から宇宙に出るんだったら、宇宙飛行士になるのはとても難しいじゃないですか。理系の人が中心ではあろうけれども、それだけの技術等、専門知識を持っていないとできない方々ですよね。

武田　はい。

宇宙人　それが、もうちょっと、大きな規模で移動できるようになってきたら、そうした教養を、一般《いっぱん》にも持ってなきゃいけないっていうことになりますよね。だから、「文系」「理系」という範疇《はんちゅう》で考えていただくのがいいかどうかは分かりません。もちろん、そういう知識は要《い》ります。ただ、大勢の人たちと一緒《いっしょ》に生活していくためには、考えなきゃいけないことはたくさんありますので。

「人間関係の解決」から、やっぱり、「食糧問題《しょくりょうもんだい》」、「水の問題」ですね、農場をつくったり。あるいは、「戦争」もあったりしますのでね。宇宙の間では戦争が起きたりすることもあるので、そういう意味では、政治、軍事的な考えも出てきますし、いろんなものを総合して持っていないとできないところはありますね。

武田　なるほど。

「金星のユリ星人」などの「遺伝子の配列」を設計した

武田　役割といいますか、職種で言いますと、どんな経験が多かったんでしょうか。

宇宙人　うーん。人類創造のときというか、金星から始まるから、もっと古いかもしれないけれど。まあ、直近《ちょっきん》の明確に覚えている記憶としては、金星人の創造のときに、主《しゅ》のお手伝いをした覚えがあります。

ちょっと、失敗したことになってるのかどうか、明確ではありませんが、金星人の創造で、ユリ星人みたいなものを創ったときのお手伝いをした覚えがあります。（ユリ星人は）ある程度の長さは、文明実験としてお生きになったから、失敗とは必ずしも言えないのかもしれませんが。光合成もしながら、〝自家発電〟というか、自分で生命エネルギーを創造できる、そういう、「人体」と言うべきかどうかは知りませんけれども、体を創ったので。植物と動物とをちょっと兼《か》ねたようなところがあったんですけど、まあ、合理的だと思ったんですよね。

だから、昼間は光を浴びてエネルギー源をつくって、自分の活動エネルギー源を蓄《たくわ》えて、花も開いて、美しい環境《かんきょう》もつくり出して。夜になれば、ユリの花はしぼみますけども。それから、蒸発をなるべく防いで、寒さにも勝てるようにしながらですね。

●**ユリ星人**　金星文明を創造した大霊エル・ミオーレ（後のエル・カンターレ）によって、金星の地表に創られた最初の実験用生命体。植物と動物を兼ねたものであり、上半身はユリの花のようで、下半身が人間のような二本足の姿をしていた。『太陽の法』（前掲）参照。

金星のユリ星人のイメージイラスト。

そういう「植物兼《けん》動物」みたいなものを最初に創るときに、お手伝いをした覚えがあります。

武田　それは、何が問題で次のステップに入っていかれたんですか。

宇宙人　まあ、「個性の差」というのが少なかった点は一つでしょうかね。生命体を創り出して、繁殖《はんしょく》して、増えていくのはつくれたところはあるんですけれども、やっぱり、もうちょっと「個性の差」をつくらないと、面白《おもしろ》みがないというか、宇宙的ダイナミクスが出てこないので。花が咲《さ》き乱れているように見えるのは、とても美しいところもあるし、静かにすれば、美しく咲いているように見えるし、動き始めると、パノラマみたいで面白い感じもあるんですけどね。

それから、（ユリ星人は）自分で自分の食糧に当たる部分を光合成してつくっていたので、それは非常に便利ではあったんだけども、「高速増殖炉《ぞうしょくろ》もんじゅ」みたいな（笑）、生まれつき自分でエネルギーをつくっていくような感じだと、知恵《ちえ》の介在《かいざい》が少し足りないのかなあというようなことも考えましてですねえ。だんだん、「知恵を介在させて、いろんなことを考えて、ちょっと不自由に見えるけれども、自分たちでいろんなものをつくり出すタイプの生命体のほうがいいんじゃないか」っていう結論になりまして。

それで、ちょっと考え方を変えていくようになって、あなたがたが見るような哺乳類《ほにゅうるい》系の生き物とか、そういうものも創るのを、まあ、「設計図を引いた」って言っていいのかどうか知りませんが、多少、そうしたデザインづくりの協力をしました。

あるいは、「遺伝子の配列」ですよね。配列構造は、いちおう、最初に設計した者なんですよ。遺伝子、DNAってありますけど、「どういうふうにつくれば、どういうふうに生まれてくるか」っていう、遺伝子の配列についての計画とか、そういうのを、まあ、もちろん、「私一人で」っていうことではございませんけども。ほかの方々とも協力してのことですけど。

ちょうど、（幸福の科学の）アニメをつくっている方々が、アニメの絵とか、ストーリーとか、だいたいの素案をつくって、（大川隆法総裁）先生のところにお上げして、「こういうのでよろしいですか？」とお訊《き》きしているような感じで。キャラクターデザインをして、それで、「この動物はこういう生き物で、こういう性質があって、これとこれと、こういうものがいる以上、こういうものものもいたほうが、たぶんいいと思います」みたいなかたちですね。

「太陽の法」のアニメ映画（製作総指揮・大川隆法／二〇〇〇年公開）にも、いろんな動物が生まれてくるシーンとかもあると思うけど。あのように、多少、生存適性のある範囲内で、いろんなものをちょっと企画《きかく》してみたりして、地球に生きているものの、まあ、そっくりではありませんけども、キャラクターデザインの一部にはかかわってきました。遺伝子工学ですね。これにもかかわってきたんです。

だから、今の地球人がまだできないレベルですね。機械ではつくれるんですけれども。たんぱく質でできたもの、要するに、ＤＮＡのところは、ちゃんとした設計図であって、（生き物は）「たんぱく質でつくったロボット」っていうわけですから、極《きわ》めて難しいものではあるんです。それを、けっこう昔にやったということですね。

「魂《たましい》」と「ＤＮＡ」は同じなのか、別なのか

武田　一つ訊きたいのですが、現代の唯物《ゆいぶつ》的な科学者のなかには、「人間に魂《たましい》が

あるとしたら、それはDNAだ」というように言う方もいらっしゃいます。

今、お話しくださったなかで、「魂」と「DNA」の関係として、DNAは体のパーツをつくるもとになっているだけなのか、それとも、「心」や「魂」にまで関係しているのかについて教えていただけますか。

宇宙人　いや、それは、あくまでも、車とかロボットとかであれば、その機能が、だいたい設計したように動くようなものではあるので、「魂の部分」とは別だと思いますね。

だから、「魂」を神の力で宿らせることができるんでしたら、石ころだって動き始めるわけですよ。実際上、そういうDNAは入っていなくても構わないんです。岩石にだって、魂を宿らせることができたら、岩石はほんとに動きます。気持ち悪いかもしれないけど、岩石が生き物のように動き始めると思いますよ。それが魂の性質なんですよ。

神の光エネルギーが、「生きろ」という気持ちとしてこもった場合には、動き始める。物は何でも動き始めます。

（飾《かざ》られた花を指して）ここにバラの花がありますけど、このバラの花に、神が「人間と同じような魂よ、宿れ」と言ったら、これが思考したり、動いたりし始めます。

だから、このバラという形をつくるための「ＤＮＡ」と、その「魂の部分」は別ですね、いちおう。

武田　なるほど。

3　宇宙の多次元構造の秘密の探究

多次元構造は「鳴門《なると》の渦潮《うずしお》」のように揺《ゆ》らいでいる

武田　先ほど、「創造」についてのお話がありましたけれども、これは、例えば、三次元的に工場のようなところでつくるという創造なのか、それとも、霊的《れいてき》な、四次元以降の世界での話なのでしょうか。

宇宙人　ああ、なるほど。うーん、そうねえ。そこは、地球的には難しい感じのところはあるかもしれませんね。

やっぱり、宇宙を解明するには、「多次元宇宙の移行理論」をつくらないと、無理になります。ちょっと、三次元的な（世界の）なかだけで全部を考えると無理があるので。

あなたがたは、三次元の「縦・横・高さ」のなかで考えて、物をつくるという考え方があって、「これに、異次元から魂《たましい》みたいなものが入るのかな」というような感じで見ていると思いますが、私たちの最初のほうは、この三次元に必ずしも縛《しば》られていたものではないので。

多次元構造自体も〝揺《ゆ》らいで〟いたんですよ。揺らぎのなかにあって。どんな感じかなあ。たとえて言えば、鳴門《なると》の渦潮《うずしお》みたいなもので、渦巻いてたんですよ。渦巻いていて、その「外側」と「内側」とがあったような感じですかね。だから、そんな完全に分離《ぶんり》しているようなものではなかったんで。

「宇宙の始まり」はですね、まあ、ここからはとっても難しすぎる問題ですけども、ビッグバン的な説を採るとしても、やっぱり、『旧約聖書《きゅうやくせいしょ》』か何かに書いてあるとおり、「神が『光あれ』と言えば、光が現れた」というようなのと、よく似たようなもので。ある種の巨大《きょだい》な念《おも》いがあって、「そのエネルギーの放出、およびエネルギーの一部分の物象化」、つまり「物で表現される宇宙に展開したもの」と、「エネルギーが、物には展開しなかった部分。要するに、エネルギーがエネルギーとして、あなたがたが考える三次元空間とは別の空間にまだ存在しているもの」と、両方あったと思う。

実は、ビッグバンは三次元だけの話ではないんです。三次元的に現れたところは、三次元のカメラには捉《とら》えられるかもしれませんが、ビッグバン自体は三次元の問題じゃなくて、もっともっと高次元から来ているものなので。

まあ、「何次元」かは、私もちょっと正確には分かりかねるものではあるんですけども、何次元っていうのも、ほんとに渦の波紋《はもん》みたいなものであるので。

中心部が中心部分で、この〝渦巻き〟が始まったとして、（右手で大きく手を回しながら）それから周りがバーッと、何重にも巻き始める。おそらく、いちばん外郭《がいかく》部分が「三次元物質世界」といわれる部分であろうと思われるんですけど、その途中《とちゅう》では、「半分物質、半分エネルギー」みたいな世界もあったし、だんだん、普通《ふつう》のエネルギー世界というか、この世で理解できる範囲《はんい》内のエネルギー世界もあったし、この世で理解できない部分のエネルギー世界もなかにはあって。

そんなふうな感じになってたんで、ビッグバンそのものは、「宇宙の一点が破《は》裂《れつ》して広がった」という感じではないんですよ。言ってみれば、台風の原理にちょっと似てるかもしれないけど、中心部分に〝台風の目〟があって、その周りをガーッと巻いていますよね。ああいうふうな感じで、いちばん外で破壊《はかい》している部分、家屋《かおく》とかを破壊したり、海水を荒《あ》らしたり、風を吹《ふ》かせたり、木《こ》の葉や木を飛ばしたりしている「外の部分」が、三次元部分なんですけど。なかは、ちょっと違《ちが》っている感じかなあ。見ると、そんな感じに見えるかもしれませんね。

だから、私たちの感じる次元構造は、あなたがたが感じているものとは同じではないと思います、たぶん。

宇宙の「次元構造」の原理とは、どういうものなのか

武田　そうした宇宙観、宇宙の状態は、今もあるということですよね。

宇宙人　今もあります。うん。

武田　その過程であるということですね。

宇宙人　だから、あなたがたが生きている世界においては、ある程度止まっているように見えて、切り取って一部を……。本当は、人間が動いてドラマをつくっ

ている世界じゃないですか。でも、写真で撮《と》ったら、それを〝切り取れる〟でしょ？　一瞬《いっしゅん》を切り取って、「静止した状態」になるじゃないですか。しかし、実際は静止してるものなんか、何一つないですよね。

だから、これ（本霊言《れいげん》）も映像を撮っていて、この映像全部が、今日の話を物語ってるわけだけども、写真だけで表すと、その一点ですよね。一点でもって全体を説明するっていうかたちね。例えば、これで次元が一つ、移動するわけですよ。

映像なら映像で一時間から二時間撮ったものについて、「こんなふうにやってました」っていう写真を本に載《の》せるとする。切り取るね？　〝一瞬を切り取る〟わけですけど、これで次元が一つ変わるわけなんですよね。だから、三次元から二次元、要するに、「平面の絵」になったという意味では、三次元から二次元に次元が変更《へんこう》するんです。

ただ、三次元映像っていうだけでなくて、もっともっと、別の要素が加わってるというふうに考えると、例えば、「アニメの物語が移動しているのを一部切り取って絵にしたというのと、実際の人間たちがドラマをやっているのとでは違う」という観点に立てば、それは三次元を二次元にしたんじゃなくて、四次元を二次元に変えたことになるかもしれない。

このように、物事を成り立たせている「要素」の数によって、次元構造が変わることになっているわけで。だから、物語をつくる間に一定の時間が流れていきますので、その「時間」の要素が加わったりしてくることになる。

それから、「上の次元になってくると、精神性の部分が加わってくる」と、『太陽の法』（幸福の科学出版刊）とかでは言われていますけどね。そういうことになってきますと、一定の精神性を持っている人にとっては、例えば、3D眼鏡《スリーディーめがね》をかけたように、映画の画面から映像が飛び出してきて立体的に動いてるように見えるけれども、３Ｄ眼鏡を持ってない人にとっては、映像は平面にしか見えませんよね。

それは一つの比喩《ひゆ》ですが、この３Ｄ眼鏡に当たる部分を、心のなかの要素の一つとして、「霊的な人生観」みたいなものをグリップしてる人から見れば、（物事が）違ったふうに見えてくることがあるってことですね。

まあ、こういう世界であるわけなんですよ。

だから、『旧約聖書』で、「神が『光あれ』と言えば、光が現れて、天と地を分ける」とか、「昼と夜を分ける」とかいうことを詩的に書いておられます。書いた人がそれを直観的に感じ取ったか、インスピレーションを受けて、自動書記で書いてるんでしょうけれども。たぶん、創世記のところとかは、モーセが書いたというふうには言われているわけだから、モーセに神が伝えた内容、つまり、私ら的に言えばビッグバン的な内容から宇宙創生の話をしたものを、モーセが理解できる範囲内で書いたら、あんな感じになったということでしょうかね。
だから、六日で、この宇宙というか、地球を創って、それで、七日目には休みを取られたっていうかたちですが、この一日が、いったい、十億年なのか、百億年なのか、ちょっと分からない話ですよね。モーセに分かるはずがないでしょうね。

地球と宇宙を行ったり来たりしている

大川紫央　本日はありがとうございます。

宇宙人　どうも、お世話になっております。

大川紫央　まず、Iさんについてお伺《うかが》いしたいんですけれども、ご自身は、地球にはどのくらい前に来られたんでしょうか。

宇宙人　うーん……。地球に来たけど、宇宙にも、ときどきまた帰って、生まれてもいるから、行ったり来たりはしているので。

まあ、けっこう……。いやあ、（大川隆法）総裁先生は〝人使いが荒《あら》い〟ので（笑）、そんなにゆっくりはさせていただけないので。そういう荒っぽい〝基礎《きそ》工事〟をするときには、呼ばれて来ていますが、その間の暇《ひま》なときは、「ちょっとほかの星に行って、やってこい」というような感じで、行かされることもあるので、まあ、いろいろですね。

特に、われわれは地球中心にしか考えられないと思いますけれども、総裁先生のほうは、もうちょっと幅広《はばひろ》い、「銀河での〝進歩〟史観」みたいなものを持っておられるので。やっぱり、全体のバランスを見ながら、「この星の進化度をもうちょっと上げたほうがいい」とか、「この星は凶悪化《きょうあく》しすぎているので、そろそろ終わらせなきゃいけないかもしれないね」とか、「ここをそろそろ、星団の移住をかけたほうがいいね。十億人ぐらい、移動をかけようか」とかですね。こんなところまで、仕事としてはやっておられる。エル・カンターレの本来の仕事としてはね。

だから、地上で見ておられる部分は一部にしかすぎないし、今はちょっと、肉体を使っておられるので、多少、自由には動けない部分が出てきていらっしゃるのかなというふうには思っております。

私は、地球に来たのは最初のアルファ●様の時代からで、エローヒム●様の時代も、そのあとも来ておりますから、だいたいのことは知っておりますが、ほかの星についても知っているということです。

まあ、わりあいですね、うーん、どうなんですかね。昔的に言えば、「宇宙

●アルファ　地球系霊団の至高神であるエル・カンターレの本体意識の一つ。3億3千万年前、他の惑星から飛来した宇宙種と地球系の人類との間で対立が起きたため、両者を一つの教えの下《もと》にまとめるべく地上に降臨《こうりん》し、「地球的真理」を説いた。『アルファの法』(宗教法人幸福の科学刊)等参照。

の百科事典」なんですが、今風に言うと、「宇宙のスマホ」と言うと少し値打ちが落ちるかなあ。

武田　（笑）

宇宙人　少し落ちるかもしれないので、違う言い方を何かしたいなあとは思うんですけど、まあ、ある程度のことは主《しゅ》に代わって、「だいたいこんな感じ」っていうことは言えるかなと思います。

●**エローヒム**　地球系霊団の至高神であるエル・カンターレの本体意識の一つ。1億5千万年前、地獄界のもととなる低位霊界ができ始めていたころ、今の中東に近い地域に下生《げしょう》し、「光と闇の違い」「善悪の違い」を中心に、智慧を示す教えを説いた。『信仰の法』（幸福の科学出版刊）等参照。

4　宇宙人による「アブダクション」事件の実態

映画「フォース・カインド」に出てくる古代語の謎《なぞ》

大川紫央　今、地上に出ておられるあなた様も、霊界《れいかい》と地上の接点といいますか、通信の方法を考えていらっしゃるのかなと思います。

宇宙人　そうなんですよ。欲《ほ》しくてしょうがないんですけどね。

大川紫央　昨夜、「フォース・カインド」（二〇〇九年公開のアメリカ映画、ユニバーサル・ピクチャーズ）という、幸福の科学の「宇宙の法」の門が開くきっかけにもなった映画を久しぶりに観《み》ておりまして、それについて少し教えていただきたいなと思います。

宇宙人　なるほど。

大川紫央　その映画では、まず、「アメリカのアラスカ州のノームというところで、実際の事件があった」という設定で進行されているんですが、映画の配給会社はその後、「『実際の事件であった』というのは宣伝の一環《いっかん》として言ったものだ」というようなことも言っておりまして、分からないところはあります。

ただ、観ておりますと、UFOが来たときに起こる現象というのが、エクソシストとか、悪霊《あくれい》や悪魔《あくま》に取り憑《つ》かれたときの現象とかに似ているものも多数ありました。例えば、体が浮《う》いたり、シュメール語という、現代の地球人にはしゃべれないような古代の言語を突然《とつぜん》しゃべり始めたりするようなことが起きています。

宇宙人が来たときと、霊的に悪霊や悪魔が来たときとの差というのは何かあるのでしょうか。


宇宙人　うーん、確かに混ざっているところはありますね。

だから、現時点でメジャーではない宗教には、流行《はや》っている今の宗教から見れば、すでに過去の宗教っていうか、滅《ほろ》ぼされたものはたくさんありますよね。キリスト教やイスラム教、ユダヤ教、仏教、神道《しんとう》といった、ある程度、生き残っているものもありますが、その前のものもありますよね。

例えば、キリスト教文化圏《けん》で言えば、最近ではハロウィンがやられていて、渋谷《しぶや》あたりでも、大変な人出《ひとで》があってやったと思うけれども、ハロウィンその

●マイティ・ソー（トール神）　北欧神話の神々のなかでも最強とされる雷神。アース神族。一投で敵を粉砕し、手元に戻ってくる鎚《つち》・ミョルニルを手に巨人族の国に遠征し、幾度も戦いを交えた。農耕の神としても崇拝された。『マイティ・ソーとオーディンの北欧神話を霊査する』（幸福の科学出版刊）参照。

ものはキリスト教ではなくて、キリスト教に滅ぼされた宗教のほうですね。ケルト文化を中心にした、あちらのほうの宗教、北方から下りてきた宗教だと思うんですが。

おそらく、そのルーツは、最近、ヘルメスの前身の役割として明かされている、マイティ・ソーの時代や、そのお父さんのオーディンの時代で。そのくらいにできた宗教あたりがメジャーであったんだろうと思われるんですね。

それが北欧《ほくおう》神話から、たぶん、ゲルマンの森あたりまで支配していたと思われるんです。

ところが、キリスト教が強くなって、地中海近辺の宗教がだんだん北上していって、（ゲルマンなどを）征服《せいふく》してくる歴史ですよね。その過程で滅ぼされていって、（キリスト教が）吸収していったけども、たぶん習慣というか、伝承というか、そういうものとしては、まだ生き続けているものだと思うんです。

●オーディン　北欧神話における最高神で、天地創造を行ったとされる。アース神族。トール神、ロキ神の父。知識と詩の神、戦いの神、魔術と死の神など、多面的な側面を兼ね備えた全智全能の神。地球神エル・カンターレの分身。『マイティ・ソーとオーディンの北欧神話を霊査する』（前掲）参照。

そういうのがあるので。

だから、古い宗教、「すでに滅ぼされた宗教」のメジャーな神々で、立場を入れ替《か》えて「新しい宗教」のほうに生まれ変わって、そこの指導者なんかになって指導している場合は、もう変わった気持ちでいられますけれども、まだそうなっていないものも一部はおありになると思うんですね。

そういうものには、「悪魔」と分類されているもののもけっこうあります。悪魔がしゃべる異言《いげん》のなかには、そうした古代の言葉は数多くありますけれども。

宇宙から来て「神」を名乗った者の幾《いく》つかのタイプ

宇宙人　ただ、古代の言葉、および古代の民族、あるいは、宗教の成り立ちのなかには、たまたま地域性の違《ちが》いによって、そういうふうな宗教や民族ができた場合もあるけれども、その民族が始まる前の核《かく》の部分として、いろんな世界の伝承から見てもそうですけども、宇宙から来た者が神を名乗った例も数多くあるということですね。古い時代の宇宙人は、神を名乗ったものもあるので。

やっぱり、「地上的に目覚めて、この地球の歴史のなかで目覚めて神となられた方」と、「宇宙から降りてきて神を名乗った方」と、たぶん、両方いると思うんです。

例えば、縄文《じょうもん》式の土器を見ても、青森あたりから出土した土偶《どぐう》のなかには、（手で輪っかをつくり、目の周りに当てながら）やっぱり、どう見ても宇宙人としか見えないような姿をしたものも出てきておりますよね。

そういうものと、アラスカ州のノームに現れた宇宙人の姿が酷似《こくじ》しているようにも見えますから、ある時期に、ある星から地球に住み着くことを目指してやって来た人たちがいて、神を名乗って、ある意味では人々を恐怖《きょうふ》で支配したりした。

要するに、科学技術が進んでいるところや、人を自由にコントロールできるところで、恐怖で支配したりするわけです。

もちろん、あるときには、彼ら（地球人）に食糧《しょくりょう》を供給したり、日照り、干ばつ、あるいは、その他、遺伝性、ウイルス性の、いろんな病気等が蔓延《まんえん》して絶滅《ぜつめつ》しそうなところを奇跡《きせき》的に助けてやったりして、神になる場合もある。

そういう、「この世的に見てよいことを施《ほどこ》して神になった場合」と、「恐怖を感じさせて畏怖《いふ》の念から神になった場合」と、両方あります。

だから、神様というのでも、そういう「両面、ヤヌス性がある」と言われていますが、どこの民族を見ても、「祟《たた》りの神、罰《ばち》を当てる神」と、「人に善を施し、福を与《あた》える神」と、両方あることはあるので、やっぱり、そういう点はあると思います。

「宇宙人」と「神」の部分は、何度も交錯《こうさく》しているんです。

まあ、宇宙人を認めない立場から言えば、地球的には、ある民族が興《おこ》ってきたときの、その始祖になった方とか、それを拡大したときの王様とか、あるいは、新しい教えを説いて人々をまとめたり、その国の教えをほかの国にまで広げたりしたような人とかが出てきたときに、神になっている場合は多い。

ただ、ときどき、人類の進化も考えて、宇宙からいろいろ飛来してくる……。まあ、刺激《しげき》ですね。地球に刺激を与えるために入ってくる者があります。そのときに、平和的に入ってくる者と、威圧《いあつ》的に入ってくる者とがあるんです。

例えば、今で言えば、ＩＳのような感じでイスラム国を建ててやってるようなところがあって、（それに対して）アメリカの攻撃《こうげき》だとか、他の国の攻撃とかがある。まあ、今、イラクのほうがＩＳを攻撃したりして、絶滅に追いやろうとしています。

あんなふうになる場合もあるので、地球で戦闘《せんとう》状態になったりした場合だと、滅ぼされてしまえば悪魔になってしまうかもしれないし、定着できない場合もあります。だから、「地球に定着できるかどうか」というのは、けっこう難しいことがあります。

地球でアブダクションが起きる理由とは

宇宙人　だいたい、地球に定着した場合は、アブダクションをよくやって拉致《らち》していますけども、やっぱり、肉体的にまだ地球適応性が低い場合が多いので、たいていの場合、地球人との合いの子をつくろうとするんですよね。肉体の改造を少しやらないと、地球に住むのは難しいことが多いので。

アブダクションがよく起きている理由は、それぞれの星の生活条件が違うので、何とか、卵子と精子の融合《ゆうごう》や、あるいは、試験管ベビーじゃないけども、特別な保育器等で育てて、地球（環境）に適合する肉体をつくろうとしてるのが本当なんです。これは一つの種類だけじゃなくて、ほかの、幾《いく》つかの種類でやって、適合する肉体をつくろうとしている場合が多いですね。それが成功する場合と、うまくいかない場合とがあるんですが、アブダクションが続いてるっていうのは、まだ、その実験が続いているんだと思うんです。

地球人とまったく同じ肉体だと、今度は、彼らの魂《たましい》が十分に機能しない場合もあるので、これが難しいところですね。だから、現在進行形でアブダクションが続いてるっていうことは、やっぱり、そんなにうまく「地球型の器《うつわ》」をつくれないでいるっていうことです。

そして、そういう器のつくり方に上手に成功しなかった場合は、人間ではなくて、動物に変わっていって、退化していく者も数多くあったということです。今、動物になってしまっている者のなかには、もとは宇宙人としてもっと高度な知能を持っていた者もあるけど、地球に適応する体をつくってしまったから、魂がそちらのほうに引っ張られていって、知能も少し下がり、霊的なレベルも下がってしまって、退化した者がかなりあるので。

あなたがただって、二足歩行の熊《くま》がペラペラと英語、日本語、ドイツ語をしゃべるのを見たら、やっぱり、ショックを受けるだろうと思いますが、まあ、そういうものを目指していても、実際は、そうならなかった例は数多くあるので。人類の歴史自体を見たら、一方的な進歩史観だけでは成り立たなくて、やっぱり、失敗して、退化していった者も数多くあるんですね。類人猿《るいじんえん》なんかにも、退化した者はそうとうあると思います。

それから、皮膚《ひふ》の色で極端《きょくたん》に人種が違うように見える者もありますけども、やっぱり、オリジナルのところにおいて、もとにしたモデルはやや違う場合もあることはあります。

「地球型」っていうのは、いちおう、神の似姿で創られたと言われていますが、基本形の一つではあるんです。頭があって、手二本、足二本型というのは、基本形の一つとしてはあるんですが、地球にも生物がたくさんあるように、このバリエーションが無限にあるわけですね。

例えば、地球では二足歩行が普通《ふつう》になっていて、今のところ、この地球にはこれがいちばん適合していると考えられているけども、ほかの星では、これが適合しているとは必ずしも言えない場合があるんです。四足歩行や六足歩行、八足歩行をしているところもありますので。

やっぱり、その星に合った生き方があって、皮膚なんかでも、柔《やわ》らかい皮膚でいい場合もあれば、甲羅《こうら》みたいなほうがいい場合もあるし、寒さ暑さに強いとか、土に潜《もぐ》れるとか、そういう条件が必要になると、体は絶対に変わりますよね。土に潜らないといられないとなったら、変化しますよね。

そういうことで、彼らが持っている人体イメージが、ここ（地球）で必ずしも使えない場合があるわけです。

「妄想《もうそう》」や「精神病」にされてしまうアブダクションの記憶《きおく》

宇宙人　それから、直接、姿を現して、地球を散歩するように出られない人もけっこう多いんです。つまり、宇宙船のなかの調整された環境でなければ生存できない人が多いので、それで、グレイ型のサイボーグが数多く使われています。

　あれは、かなりポピュラーに使われてますね。多少、機種は違うんですけども、宇宙の間で、わりあい、〝ベストセラー作品〟の一つではあります。あれは、地球探索《たんさく》用のサイボーグなんですけどね。地球探索用サイボーグがけっこう出回ってるので。まあ、星が違っても似たようなものを使っている

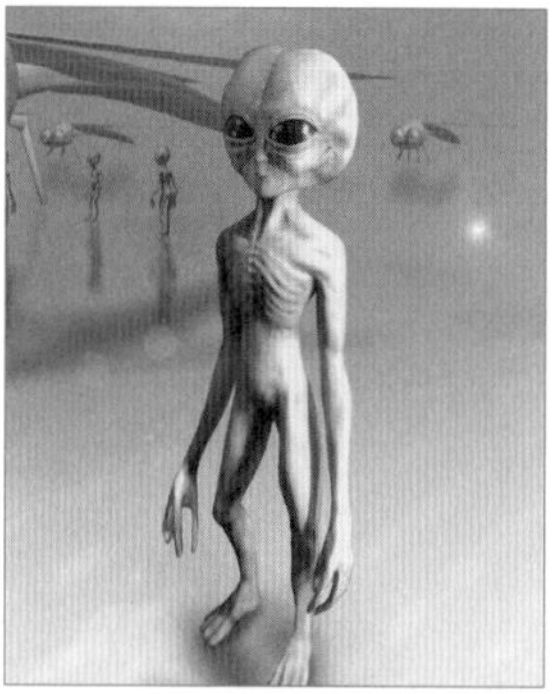

●**グレイ**　宇宙人のタイプの一つであり、サイボーグの一種。多数の目撃情報がある。身長は120センチぐらいと小柄で細身。頭部は巨大で、黒曜石のような色をした大きな目を持つ。『グレイの正体に迫る』（幸福の科学出版刊）、『ザ・コンタクト』（前掲）等参照。

こともあれば、会社が違えば違うように、違う種類のものもつくってますね。

ともかく、アブダクションをしてますけど、「その本心は何か」ということですね。地球探索用ロボットを使って、いちおう、なるべく人目につかないようなところを狙《ねら》って、やるわけなんですけども。

例えば、アラスカ州ノームを使ってやれば、人がまばらで、ニュースの発信基地としては難しいところであるので、気づかれないうちに人を拉致してやろうとはしてるんだけど、そのうちに、だんだん騒《さわ》ぎが大きくなってくると、揉《も》み消しに入らないと難しくなる。まあ、基本的には記憶《きおく》を消す技術を持ってるので、記憶を消して、目が覚めたら夢だったと思ってるか、忘れてしまっているかがいちばん楽なんですけど。

ただ、アラスカ州でやった、「フォース・カインド」の例の場合は、もうちょっと地球慣れした人たちだったら上手にやるのが、神経がもう少し雑だったというか、荒《あら》っぽかったんで。「こんな田舎《いなか》だから、それほど隠《かく》す必要もない。どうせ後《おく》れた民族だから、多少さらってもいいだろう」っていうぐらいの感じで始めたのが、意外に大きな騒ぎになってしまって、それで、映画までつくられるというようなことになってきたので、関係者を黙《だま》らせるために、そうとう操作をしている。

また、地球的な意味でも、警察やFBIや、その他政府のほうから見ても、やっぱり、「住民のパニックを防ぎたいので、なるべく『妄想《もうそう》』とか『精神病』とか、あるいは、単なる犯罪にしておきたい。もしくは、境界線が分からないようにしておきたい」っていうのが、ニーズとしてはあるわけですね。

そうしておかないと、やっぱり、恐怖ですから。「軍が出て、宇宙人と戦う」って、日本の『竹取物語《たけとりものがたり》』と同じで、月から来た軍勢から、かぐや姫《ひめ》を護《まも》ることができない。あれ、そっくりでしょう? 実際に宇宙人が来たということですよ、あの時代にね。

噂《うわさ》が出回っていたのがもとになって、『竹取物語』は書かれてます。ずいぶん前ですよね。もう今から千何百年も前の物語になっていると思いますけれども。

宇宙船が着陸して、小型の宇宙人が出てきたけど、育てているとだんだん人型になって大きくなってきて、娘《むすめ》になったら、月から雲に乗って迎《むか》えに来る。それで、帝《みかど》の命令か何かがあって、屋根の上とかでいっぱい弓を射て防ごうとしても、みんな体が硬直《こうちょく》した状態で動かなくなって、それで、かぐや姫を連れ去られる。

そんな物語がありますが、まさしくＵＦＯの金縛《かなしば》りの原理をよく表していると、私は思いますね。

だから、日本も経験があったということですね。記録が十分にないから、あまりないんですけども、フィクションとしては、一部そういうものが流布《るふ》されていることもあるし、クレディビリティ（信頼性《しんらいせい》）の低いニュースとして出回ることがあります。

ただ、今のところ、完全には分からないようにするぐらいの技術は持ってるっていうことだし、それが分かってしまうと、本当に本格的な戦争状態に入るので、けっこうやりにくい。やっぱり、地球人とも友好的にやっているところもあるので、「宇宙人がみんな敵」みたいに思われても困るところもある。

まあ、肉体改造がどうしても必要な星の方もいらっしゃるので、そういうことが行われてるということですね。これは必ずしも、宇宙の人々の合意を得ている人たちばっかりとは言えないところがあります。

5　光速を超《こ》える「ワープ」の原理

「浦島太郎《うらしまたろう》」に見る宇宙人伝説

大川紫央　もう一つお伺《うかが》いしたいのですけれども、映画「フォース・カインド」のなかでも描《えが》かれていますし、また、ＵＦＯの被害者《ひがいしゃ》の証言等にもありますが、「家のなかにいてもアブダクションされて、宇宙船のなかに連れ去られる」ということがあります。

その場合、肉体でも壁《かべ》などを素通《すどお》りしてしまう力が、ＵＦＯか宇宙人の力として何か作用していると思います。もしかすると、ＵＦＯの原理とも関係してくるかもしれないのですが、地球上の三次元にある物体を、霊体《れいたい》のようなかたちに変《へん》換《かん》させる力というものは、科学的に説明ができますか。

宇宙人　これが、宇宙旅行を可能にする「最初の関門」なんですよね。普通《ふつう》は、星と星との距離《きょり》がすごく離《はな》れていますので、例えば、地球からほかの惑星《わくせい》に行って帰ってきたら、ものすごい年を取っちゃいますよね。

実際上、光の速度で行っても、近いところでも、四年やそこらはかかったりするし、遠いところに行けば、もう、何百年、何千年とかかる可能性もあるようなところがあるわけです。でも、実際、そういうところから（宇宙人が）地球に来ているということであれば、アインシュタイン的に言う、「光の速度を超《こ》えるものがない」っていう考え方を乗り越《こ》えられないかぎり、そういう意味での高速の宇宙間移動は不可能なはずですね。

数年で地球に来られる範囲《はんい》のところだったら、普通のロケットの延長上で来られないわけではありませんが、それをはるかに超えた、要するに、人間の寿命《じゅみょう》を超えた時間をかけてでないと、移動できない距離ですよ。「光年」っていうのが、もう、ほんとに、百光年を超えて離れている場合だと、まず無理ですよね。

先ほど、かぐや姫《ひめ》の話をしましたけど、浦島太郎《うらしまたろう》の話だってあります。「浦島太郎が竜宮城《りゅうぐうじょう》に行って、三年楽しく暮らしましたが、『これはいけない』と思って帰ってきました。そして、『玉手箱《たまてばこ》を開けないでね』と言われたのに、開けてみたら、たちまち三百年がたってしまい、自分が大昔の人になってました」っていう。この「三年が三百年になっていた」っていうのは、実に、宇宙の原理に似ているので。

たぶん、世間《せけん》の人に分かるように言うとしたら、彼が人間としての記憶《きおく》で戻《もど》されたときに、「竜宮城で楽しく過ごしていた」というふうに翻訳《ほんやく》して、夢を見ていたように言うと、周りの人も理解ができる範囲なんでしょう。

これは、多少、「水の惑星」であった可能性はあろうとは思います。あるいは、水棲人《すいせいじん》で、水のなかにも住めるような宇宙人だった可能性は高いと思いますが、「他の惑星に行って、帰ってきた」ということであれば、ほんと、「行って帰ってきて、実は、地球時間では三百年かかっていた」という。

本人自身は、その間、三年しかかかっていなかったと思っている。（他の惑星に）移動して、住んで、帰ったら、三年たっていたつもりでいたのに、実際は三百年かかってたって。これは、よく計算してみたら、「どの程度の位置の星に行ったか」っていう部分は計算ができないわけでもないんですけどね。ここもやっぱり、宇宙人伝説は入ってると考えたほうがいいと思います。

アブダクションにも「ワープの技術」が使われている

宇宙人　要するに、何が言いたいかといいますと、「時間・空間の概念《がいねん》」ですね。

●ユークリッド幾何学《きかがく》を超え、さらに、アインシュタインの宇宙の公式を超えて、「もう一つ上の宇宙公式」のなかへ入り込《こ》めなければ、惑星間移動はできない。

まあ、数十年単位内での移動、あるいは、冬眠《とうみん》状態ですね。人間を冬眠状態に置いて、何百年も移動させるだけの勇気があれば、多少可能ではありますが、そういう技術を使わないで、「目覚めたままで移動する」ということであれば、どう見ても、光速を超える速度に耐《た》えられなければ、不可能ということになります。

そうすると、「光速を超える速度で移動できる」ということ、要するに、宇宙船をつくってもそうだし、（宇宙船の）なかにいる、肉体を持ってる宇宙人でもそうですが、「光速を超える速度で移動しても存在できるとは、どういうことか」ということですよね。

どこでもいいんですが、ベガならベガにしましょう。ベガといっても、住ん

●ユークリッド幾何学　古代エジプトのギリシャ人数学者・天文学者エウクレイデス（紀元前３世紀ごろ）の著書『ユークリッド原論』に由来する幾何学体系の一つ。古代のエジプトやギリシャで研究されていた幾何学を体系化したもの。

でるのはベガの伴星《ばんせい》（惑星）だと思います。ベガ自体は恒星《こうせい》で、それは太陽みたいなものだから住めませんので、恒星ベガにおける地球みたいな存在の星に、ベガ星人といわれている人たちが住んでるんだと思いますけども。そこから地球に来るに当たりましても、最初、宇宙船で飛んで、加速しますが、光速から先の加速をかけたときに、いわゆる「ワープ状態」っていうのが、必ず起きてるはずなんですね。

このワープ状態においては、宇宙船のなかにいる人たちは、自分の人体とか、他人《たにん》とかも（ワープ前と）同じように見えてるはずだけども、もし、その姿を外から見たとしたら、絶対、一緒《いっしょ》のはずはないんですよ。これは、三次元空間に穴を開《あ》けたような状態で、突《つ》き抜《ぬ》けていってるはずなんですね。

ちょうど、宇宙人がアブダクションするときに、壁とか天井《てんじょう》とかをまったくものともしないで、なかの人を吸引して、スポッと〝抜けて〟いきますけど、この技術は、その（ワープ状態にする）技術を非常に日常化した、簡単なレベルに下ろした技術なんです。

だから、物質世界の限界を超える、要するに、人を分子、原子、素粒子《そりゅうし》、あるいは、素粒子以下のレベルまで還元《かんげん》してしまう技術、もともとの物事、魂《たましい》や肉体をつくったもともとの光の粒子のレベルまでいったん還元する技術ですね。そして、還元して、またもう一回、それを再統合する技術です。これを手に入れられなければ、宇宙旅行もできないし、それを簡単に使ったものが、地球で異物を通り越して出てきたりする技術になります。これを持ってるかどうかですね。

それは、エクソシストものや幽霊《ゆうれい》もので起きるのと、同じ現象だと言われてるけど、確かに、幽霊といわれるものも全部、壁も何も飛び越していきますね。もう、不思議でも何でもないですよね。

あるいは、地球で使っている電波も（壁などを）通り越してきます。もちろん、地下とかエレベーターのなかとか、少し、電波が通じにくいようなところはあるし、電波が届かないと言われるところもあります。山陰《やまかげ》とかね、通らないところもありますけども。それでも、普通、家のなかで携帯《けいたい》電話やスマホを使えば、ほかのところと通じるっていうことは、目に見える障害物、つまり人間の体なら越えられないものを越えていけるものが、この世的にも存在するということですね。

実際、みんな、電波の世界を理解してますから。例えば、テレビ局のアナウンサー、あるいはキャスターは、自分の姿をテレビに映して、いったんこれを電波に還元する。それで、受信機があって、テレビに映れば、また元の姿で出るでしょ？　それは、二次元的にテレビには映ってますけれども、もちろん、これは、技術が上がれば、三次元的に姿が現れる。「スター・ウォーズ」に、レイア姫が立体で出てきて話をするシーンがありましたけども、ああいうふうなかたちで、立体的にも出ることができるでしょうね。

幽霊《ゆうれい》は「あの世」と「この世」の中間の〝翻訳《ほんやく》形態〟

宇宙人　そういうふうに、この電波の原理がありますが、実は、幽霊《ゆうれい》等が出没《しゅつぼつ》する原理、透過《とうか》する原理も同じだと思われます。

ただ、普通の霊体に比べれば、幽霊として出てくるものは、おそらく、粒子的に見ると、もうちょっと粗《あら》い粒子になっているのではないかと思われますね。たぶん、この世に物質化できる途中《とちゅう》の形態、〝翻訳《ほんやく》〟する途中形態になってるんです。

普通の霊体だと姿が見えないし、生活していても関係がないけど、（幽霊は）この世に干渉《かんしょう》してくるから、あの世とこの世の中間ぐらいのところに存在できる翻訳形態に、たぶんなってると思うんですね。

それで、あの世とこの世の中間程度のところで、翻訳できる形態になっているっていうのは、これが仏陀《ぶっだ》が言ってる「執着《しゅうちゃく》」の部分なんだろうと思うんです。

「三次元への執着を断《た》て」ということを、一生懸命《いっしょうけんめい》教えていますよね。やっぱり、思いの力ってけっこう強いので、「三次元の世界が自分の本来の世界で、ここが本体で、死んだら終わりだ」と思うタイプのものの考え方をして、自分を物体化して理解している場合、どうしても、異次元移行がそんな簡単にできない部分があるんです。

だから、物質化したり、消えたりするようなあたりにいる幽霊っていうのは、こういう言い方が正しいかどうかは分かりませんが、「三・五次元あたりをうろうろしている」と言わざるをえないのかなあと、私は思うんですけどね。

そういうことで、「エイリアン」と「幽霊」の関係がよく似ているようには思うけども、要するに、原理として、電波なんかで表現されるものの技術の延長上に、基本的にはあるんだというところですかね。

「時間」と「空間」を自由に操《あやつ》る能力

宇宙人　これを、もう一段分かりやすくできるかどうかは、極《きわ》めて難しいですけども。でも、そういう「通り抜け」だけは、今でもありますね。念力等《ねんりき》で透過するようなやつはね。

例えば、ビンのなかに入っている錠剤《じょうざい》みたいなものを、ビンの底から出してしまう人とかね。これは、マジックとの区別が非常に難しいところはあるんですけど、そういうのもありますし。あるいは、念力による「物品引き寄せ《ぶっぴん》」みたいなものも、まあ、そんなに繰《く》り返し、見えるようなかたちではできないけども、過去、いろいろ報告はたくさんありますので。

たぶん、物品引き寄せ自体は起きることはあるんだと思うんですよ。物品引き寄せという、遠隔地《えんかくち》にあるものを引き寄せる場合と、あるいは、空中から突然《とつぜん》、金塊《きんかい》が出てきたりするようなかたちになったりする場合ですね。手品的なものが入る要素もあるので、全部、肯定《こうてい》するわけにはいかないけど、そういうものもある。ということで言えば、人類の科学で、まだちょっと解明できてない部分があって、オカルト科学のなかだけに、多少、理解の種があるようなものはあるということでしょうかね。

あと、もう一つは、「空間を自由に操《あやつ》れる能力」と「時間を自由に操れる能力」があると、違《ちが》った面があるということですね。

（映画の）「X《エックス》-MEN《メン》」風の超能力者《ちょうのうりょくしゃ》等でも、時間を止めてしまって、その間に、パッパパッパッパッパッとやってしまう人はいたりします。時間を止められて、その間に敵に倒《たお》されてしまったりすると、いったい何が起きたのか分からない状態になりますよね。

つまり、「物理的に空間を変容させる能力」と、あるいは、「時間を止めたり動かしたりする能力」っていうのがありえる可能性があるということです。

例えば、突如《とつじょ》ここにみかんが現れるにしても、もし、その間に一瞬《いっしゅん》、時間が止まってたら、誰《だれ》かがみかんを取ってきて、ここに置いておける。それで、パッとまた（時間が）動き始めたときには急に出現しますね。これは、物品引き寄せ的に起きたのか、時間が止まったために、誰かがこれを持ってきたのか、分からないですよね。

そういう意味で、「時間をコントロールする術《じゅつ》」と、「空間をコントロールする術」？　時間と空間のところは「神の業《わざ》」に近いんだけど、何かここに秘訣《ひけつ》はあるということですね。現代の科学で説明できるかどうかは、ちょっと分かりかねますが、原爆《げんばく》とか水爆とかも、実は、近いところまで行ってはいるんですよ。

ほんと、爪《つめ》の先ぐらいのプルトニウムで、けっこう時空間が歪《ゆが》むような現象が起きてはいるわけです。小さなブラックホールができたようなもんで、「蒸発してしまう」っていうことですので。

だから、ああいうのは、一部、見えてるところがありますけども、ああいうふうな破壊《はかい》的なものだけでなくても、起きる可能性はあると言われてますね。

スプーン曲げみたいなものでも、スプーンが折れたりすると言ってるけど、実際には、今の物理学で考えれば、スプーンがポッキリ折れて、つなぎの部分がなくなったりしてるっていうのであれば、物理学的には、ものすごい熱量が発生してなきゃいけないわけですよ。質量とエネルギーは等価ですから。「$E=mc^2$」(エネルギー=質量×〔光速の二乗〕)ですので。

原爆の原理もそれと一緒なんですけど、質量をエネルギーに換《か》えたら、あんな原爆になっちゃう。同じように、念力でスプーンを折ると、少しは熱くなってるっていう話もあるけど、実際はそれどころではない、ものすごいエネルギーが出るはずなんです。まあ、部屋が吹《ふ》っ飛ぶぐらいのエネルギーが、実は出なきゃいけない。それが、吹っ飛ぶだけのエネルギーが出ないままに、「術」として行える人がいるっていうことです。このエネルギーを、どうやってコントロールしているのかっていうのは、もう一つ、研究の余地がある部分ですね。

だから、エネルギーを「三次元空間じゃないところ」に逃《に》がしているとしか考えられないです。そういうところは、まだ研究の余地はあるのかなあというふうに思います。

まあ、全部答えられなかったかもしれませんが、もうちょっと、〝突っ込み〟があれば聞きますけど。

大川紫央　大丈夫《だいじょうぶ》です。

宇宙人　ああ、そうですか。

「自分自身が見える」というドッペルゲンガー現象

武田　では、光速を超えるワープのようなものの原理につながるヒントとしては、「物質が目に見えないものになる、電波の延長線上のもの」、「空間・時間を自由に操れる何らかの原理」、それから、「エネルギーのコントロール」。このあたりがヒントになるということでしょうか。

宇宙人　うん。もちろん、肉体と精神を分離して考えるのもありますけどね。「自分自身の姿が、ほかのところで目撃《もくげき》される」みたいな話はあるじゃないですか。例えば、ドッペルゲンガー現象みたいなのはありますけど。まあ、これは、肉体として二つ存在したのか、それとも、魂の部分が離魂《りこん》、つまり魂が（肉体から）離れて、幽霊風に現れていたのか。やっぱり、分かりにくいですね。

●ドッペルゲンガー現象　自分とそっくりの姿をした分身のこと。あるいは、同じ人物が同時に複数の場所に姿を現したり、自分がもう一人の自分を見たりする現象のこと。自己像幻視。

　ただ、ドッペルゲンガーという、自分が自分自身を見るっていう現象はよく報告されている。ゲーテも見たと言われていて、「自分と出会った」という話があるわけで。まあ、完全な嘘《うそ》とも言えないと思うんです。確かに、〝魂が放心状態の人〟ってけっこういることはいるので（笑）。あるいは、幸福の科学的に言えば、魂のきょうだいの部分まで動員すれば、それは、ないとは言えない部分ではあるし。

　人間として、普段は、魂的なものは視《み》えないんだけども、視えるときがあるというのは、経験的には分かるような気がするんですね。

　大霊能者のスウェーデンボルグ風に言えば、「あの世の人と話ができるということは、そのとき、あなたは死んでいるんだ」という言い方を、彼はしていますよね。だから、自分があの世の人と会ってるっていうなら、そのとき自分は実は死んでるんだと。死んでる状態だから会えてるんだということですね。

　ゲーテみたいな人は、文豪《ぶんごう》をやっていても、おそらくは瞑想《めいそう》的な方であろうから、その一瞬の瞑想の間に実は〝死んでる〟。死体となって、実は、〝散歩〟しているとかいうことがありえるわけで。その間に魂が抜け出すことも、ないとは言えませんね。

だから、ドッペルゲンガーの現象なんかも、もう少し研究してもいいのかとは思います。電波の流れのなかから、それを、もうちょっと翻訳し直して、立体化する技術は、実はつくれないことはないんじゃないかと思うんです。

例えば、モールス信号みたいなものから、それを解読して、内容を組み立てることができます。だったら、電波で送られた情報を受け取った側が、一定の素材があれば、コンピュータとロボットを使って、向こうから送ってきたものを組み立てて表すみたいなことは、可能なんじゃないかなっていう気がします。

まあ、この世的には素材が全然違うけれども、例えば、ロボット様《よう》のものであれば、同じロボットが幾《いく》つかあると思うけど、このロボットの情報を送ると、こちら（受け取った側）のほうで組み立てて、同じものが出来上がるようなことは可能だと思うんですよ。このあたりが、一つの取っ掛《か》かりでしょうね。

「思いの粒子《りゅうし》」を科学することの難しさ

宇宙人　もし、神の「人類創造」、あるいは「動物創造」の原理のところをうまく再現できるとすれば、もっと簡単で、「思いの粒子《りゅうし》」ですよね。「光の粒子」といっても、そのもとは「思いの粒子」なので。思いの粒子から、宇宙にある諸要素を引き寄せて、かたちをつくり出してくるんでしょうから、それで言えば、あらゆるものはつくれるかたちになりますよね。まあ、ここまで科学するのは、そんなに簡単なことではないとは思いますけど。

あるいは、人類は（この世で）肉体生活を長くしすぎたために、やっぱり、お釈迦《しゃか》様のおっしゃるとおり、この世への執着がけっこう大きすぎて、自己を正しく認識できないでいるんですよ。

だから、「この世的ならざるもの」っていうのは、宗教の教えや、坐禅《ざぜん》・瞑想の教えだと思うんですよね。あれは、この世の生活をしている自分から、一生懸命、遊離しようとしているんだと思うんです。それで、霊的な自分のほうに自分を還元しようとしているんだと思うんですね。霊的な自己から、自分や自分の生活を見ると、全然違う世界に見えてきます。

例えば、「肉体から幽体が離脱《りだつ》して、自分を見下ろす」みたいなね。天井から見下ろすとか、霊柩車《れいきゅうしゃ》の上から見下ろすとかいうような体験がよく報告されてますけども、これを自覚的にできるようになる人が出たら、たぶん、霊的に、天上《てんじょう》界《かい》の目で、自分自身の存在を見ることができるようになるはずですので。

おそらく、宗教修行《しゅぎょう》の大部分はそういう目的があるんだろうと思うし、「生きているうちに、死んでから後《のち》の境地に入ろう」としているし、あるいは、「生まれる前の自己を取り戻して自分自身を眺《なが》めてみよう」という、そういう訓練なんだろうと思いますね。

ただ、地上がねえ、今、発展してきて、住みよくなっているので、昔より執着を断つのが難しくなってきているところはありますね。

6　十年先の未来技術を先取りするには

「日本に〝NASA《ナサ》〟をつくれば終わり」ではない

久保田　私は、地上のご本人とは、彼の高校時代の三年間、幸福の科学学園那《な》須《す》本校でご一緒《いっしょ》させてもらいました。彼に対しては、科学的なものと同時に、発明家的なセンスといったものを非常に感じておりまして、本当に新しい発明ができるのではないかと期待しております。

そうしたなかで、今はまだ、学生という立場ではありますが、若い段階において、具体的にどのような発明といいますか、こういったことを成したいというものがありましたら、お教え願えればと思います。

●彼の高校時代の……　質問者の久保田は当時、幸福の科学学園那須本校で副校長をしていた。

宇宙人　久保田先生にはお世話になりまして、本当にありがとうございます。久保田先生の髪《かみ》がフサフサになる研究とか、いろいろ発明はあるのだと思うんですが。

久保田　（笑）

宇宙人　●円形脱毛症《だつもうしょう》だけではちょっと物足りないですから、「全面黒々《くろぐろ》発明」とかつくったら、けっこう収入になるでしょうね。そんなのも、ちょっと考えたいなと思ったりもしてるんですが。まあ、発明っていうのは、ニーズがあるところには何でもあるんだと思うんですけど。

ちょっと、今、留学なんかして、勉強したいなっていう気持ちもあることは

●円形脱毛症だけでは……　現在、幸福の科学の全国の精舎において「『円形脱毛症回復祈願』―エドガー・ケイシー特別霊指導―」が開催されている。

あるんですけど、三次元の工学的な勉強をしただけでは、どうも足りないんじゃないかと。例えば、日本に〝NASA《ナサ》〟をつくれば、それで終わりっていうわけじゃないんじゃないかと。今、幸福の科学が入っていこうとしてるのは、そのもっと先にある、「未来社会の研究」なんじゃないかと思うんですよね。その部分については、なかなか、現実世界に発明品としてつくるところまで行けるかどうかは分からないんですけども。

まあ、気持ち的には、ちょっと、アメリカなんかに留学して、本格的な宇宙工学を勉強したい気持ちも、半分あるんだけれども。

もう半分は、何か、（大川隆法）総裁先生の研究をもうちょっとしてみたい感じもあってですね。まだ、「隠《かく》されている能力」があるんじゃないかと思うので。みなさまの願いというか、斬《き》り込《こ》みというか、要求が足りないのではないかと思うんです。未来に必要な発明品にしても、この部分は、ニーズがあれば答えは来るんではないかと思うので。だから、もうちょっと、総裁先生の隠されている能力のところを引き出せないかなという気持ちもあって。

どうですか。「宗務《しゅうむ》本部発明部」とか、つくる気ありません？（会場笑）そういうのがあったら、私、研究室を頂いて、総裁先生の能力をもうちょっと引き出す方法を何か考えてみたいと思うんですよ。

未来予言なんかもたまにありますけども、文系的な予言のほうが多くて。もっと具体的な、発明の最先端《さいせんたん》の延長上にあるものをですね、ほんの十年ぐらいだけでも先取りできれば、もう、特許は取り放題ですが、百年を超《こ》えたら特許を越《こ》えてしまうので、もう、「未来社会の建設」になるとは思うんです。公表はできないかもしれないけども、必要はあるんじゃないかと思うんですね。未来社会に出てくるもののビジョンを頂ければ、理科系の人間も、努力する方向がもうちょっと分かるので。

もちろん、実際に国家的な予算をかけて、いろいろと、ＵＦＯをつくったり、宇宙船をつくったりっていうこともあるのかもしれないけども、その前の段階で「ソフト」が必要ですので。やっぱり、もっともっと具体的に突《つ》っ込みたいですね。

幸福の科学に「発明・発見の部署」をつくってほしい

宇宙人　（幸福の科学で宇宙ものの）アニメなんかをつくってるんだったら、ほかの星の様子とか、私なんかがもっと突っ込んで、具体的なところまで一個一個入りたい感じはあるので。「ちょっと待ってください。その星のその乗り物は、どういうふうにして動いてますか」みたいな感じで、もっともっと突っ込まないと。アニメーターたちは関心がそれほどないので、適当にやってますけど。

この前の「ＵＦＯ学園の秘密」を観《み》ても、何もないところから急にモノレールみたいなのが現れたり、いろいろしてましたけど。いやあ、絵としてはそれでいいのかもしれないけども、こちら的には、もっと突っ込みたいわけですよ。「これはなぜ、ここに現れたんですか」「なぜ、乗り物が必要だったんですか」「なぜ、氷だと思っていた周りが、いきなり敷《し》き詰《つ》められた石に変化したんですか」とか、やっぱり、一個一個、詰めて調べていきたい感じはあるんですよね。

だから、宗務本部にも、理系部門をもうちょっと、つくるべきで

映画「UFO 学園の秘密」(製作総指揮・大川隆法／2015 年公開) に描かれたベガ星の様子。氷のように見える世界 (下) が、一瞬にして石畳の街 (左上) や都市 (右上) に変化した。

はないでしょうか。そんな、ＨＳ政経塾《せいけいじゅく》なんかが近くにあっても、ほとんど意味をなさないっていうか、外部の人あたりを呼んで、内容がない話を聞かせてるようなことで終わらせて、お茶を濁《にご》してますよね。

あの少ない塾生のために、総裁先生に来ていただいて法を説いてもらうというのが、畏《おそ》れ多くてクビが飛ぶから、できないでいらっしゃるんでしょう? おそらくね。それで、教団で話した話をそのまま使ってやっていらっしゃるんだろうから、あんまり存在意義がないように、私には見えるんですけども。

やっぱりね、〝副産物〟として何か、「発明・発見の部署」を、どこかに宝物殿《ほうもつでん》の代わりにつくっておくことですよ。未来に予想されるものみたいなのを溜《た》めていって持っておくと、これは未来産業学部的にも、ほかの学部にも関係があるかもしれないけども、面白《おもしろ》いと思うんですよね。

それは、やっぱり、基本的には、「wants《ウォンツ》」っていいますか、こちらの、「こういうのが欲《ほ》しいなあ」っていう気持ちがないと、駄目《だめ》なんじゃないかと思うんです。

だから、総裁先生が最初に、「必要とあれば理系の勉強も」とか言っていたけど、いやあ、そうおっしゃらずに、もうやりましょうよ。ねえ？　もうちょっと勉強していただいて（笑）、今、われわれが問題にしているところを、もうちょっとアドバイスできるところまで来ていただけると、ありがたいなあと思う。

隠《かく》された「アラビアン・ナイト」のような世界を追究したい

宇宙人　すでに説かれた部分については、弟子《でし》がもっと頑張《がんば》って広げたらいいんですよ。総裁先生は、やっぱり、常に新しい局面をやって。未来透視《とうし》なんかでも、もっともっと、ガンガンガンガンやっちゃえばいいんですよ、こんなのね。「これは、どうなってるのか」って。外れても構わない。何かいろんな要素があるんでしょうから構わないけど、それをやってほしい。まあ、（「ＵＦＯ学園の秘密」に）ウンモ星人が一つ出てきても、あの程度で終わらせないで、なぜ、ウンモ星人のＵＦＯが〝旧式〟なのかも、もうちょっと解明していただきたいなあという感じ。

だから、それぞれの宇宙人の寿命《じゅみょう》や性能ですね。

まあ、「ウルトラマン」の種類が違《ちが》っていて性能も違うとか、怪獣《かいじゅう》の性能の違いとかいろいろありますけども、やっぱり、宇宙人についてももっとこだわりたいところですね。

私、なんかね、まだ隠《かく》された「アラビアン・ナイト」の世界のような、無限の魔法《まほう》の世界がある

●ウンモ星人　地球から約14.5光年の距離にある星の宇宙人。「ユミット」とも呼ばれる。蜂に似た姿をしており、地球にいるのは多くて百人くらいという少数派。語学に強い傾向がある。映画「UFO学園の秘密」（製作総指揮・大川隆法／2015年公開）で描かれたウンモ星人（左）と旧式のUFO（右）。

ような気がしてしかたがないので。ちょっと何か、物足りなさがある。受け身すぎて、みんな降ってくるのを待ってるけども、それが降ってくるとしても、こちらが求めないと出てこないんじゃないかと思うんですよね。

それから、先ほど創世記の話もしましたけど、そういう神の目から見た視点みたいなものが出てきていますけど、そんなものだって、リーディング的に視《み》たら、例えば、「モーセは、いったい何を本当は見たのか、聞いたのか」みたいなことですね。そういうところに斬り込んでいくと、もっと面白いところがあるし。あっさりと、「紅海《こうかい》が真《ま》っ二《ぷた》つに割れた」なんて言っているけど、「いやあ、そうは言わずに、もうちょっとキチッと行きましょうよ」という気持ちはありますね。

武田　（笑）

宇宙人　やっぱり、「どういう具合で、どういうシステムで、それが起きたのか」というようなのをやったら、これはすごい面白いことです。

今は、「たぶん、紅海といわれている深い海ではないのではないか」と言われているわけだけども、本当に地図で見て、「この部分で、こういうときに、こういう状況《じょうきょう》で、こういうことが起きて、それがどのくらい続いたか」というのを、リーディングも兼《か》ねていろいろと調べていけば、いろんなことが分かってくるはずなんで。

「みなさん、すごく淡泊《たんぱく》だなあ」っていう。淡泊すぎるので。まあ、「うるさい」と言われりゃ、うるさいのかもしれないけど、でも、悲しいですよね。

だから、「すでに説かれた法を弘《ひろ》めるのは弟子の仕事だから、もっとちゃんとやりなさいよ」と言えばいいので。常に先生が「新しい法」を説いて、一回聴《き》いたらもう終わりというのを、会員が繰《く》り返してるような状態をずっとやってるけど、ちょっともったいないので。

説かれた法を広げていって、もっと全国的に、全世界的に共有してもらうように、壁《かべ》を塗《ぬ》るように広げていくのは弟子の仕事ですよ、基本的にね。これは間違いない。

だけど、どんな話でも聴きたいような人だけを相手に、違う話をして、お布施《ふせ》を頂いてみたいな感じで、（総裁先生に）みんながぶら下がって食べているような状態が教団として続いていると思うので、これは、イノベーションをかけないといけないと思います。

先生には、もっともっと、未知なるものをちょっとでも多く解明していただくことに力を注いでいただかないと。将来の人類に、未来の人類にとって、これは福音《ふくいん》ですので。先生が地上を去られたあとでも、「蓋《ふた》を開ければ、次から次へといろんなものが実は隠されている」っていう、だいたい、これが教団としての未来戦略なんじゃないかなというふうに、私は思うんですよ。

だから、もうちょっと、そのへんをどうにかできないでしょうかね。ちょっと、そのへん、ねえ？　マサチューセッツ工科大学みたいなところで勉強しても面白いかなあとは思いつつも、実際は、この世的な部分が全部揃《そろ》わないとできない研究ばっかりなのかなっていう気もするので。

それだったら、まあ……、いやあ、少なくともデザインがあればね、物はつくれるんですよ。「お金」と「人手」と「いろんな機材」があればね。その最初の基本的なコンセプトみたいなのを出していくことが、ものすごく大事なんじゃないかなあというふうな気がしているので。ちょっとそんな感じの念波《ねんぱ》を、私としては出してます。

（私は）生霊《いきりょう》になってます？

武田　いえいえ。

宇宙人　なってないですか。

唯物論《ゆいぶつろん》科学の限界を超《こ》えた「霊界《れいかい》科学」の研究を

武田　今のお話は、地上の本人に対する、今後のアドバイスということでしょうか。

宇宙人　そうなんですよね。だからね、「アメリカに留学して、企業《きぎょう》に就職」ですよね、たいていね。向こうの大学の研究者になるか、そうした〝テク〟を使っている企業か、外資系の企業あたりに就職するぐらいの道ですよね。研究者かどっちかぐらいだけど。

そうすると、幸福の科学学園とかＨＳＵとかで勉強したのが、そのままストレートには活《い》きないところがあるんで。まあ、そういう人もいてもいいかもしれないけども、私はもうちょっと霊的なものにも関心があることはあるので、そちらのほうで、ソフト開拓《かいたく》部門の仕事をもうちょっとしたいなという感じがあるんですけどね。

武田　本人は、霊界科学《れいかいかがく》を研究しているのですが、具体的に研究についてのアドバイスはありませんか。

宇宙人　まあ、（ＨＳＵの）佐鳥《さとり》（新《しん》）教授のところを早く卒業して、やっぱり、こちらに来なきゃ駄目なんじゃないかと。

武田　なか（宗務本部）ということですね。

宇宙人　はい。やっぱり、あそこでは唯物論《ゆいぶつろん》科学の限界は限界なので。いろいろありますけどね。実験はいろいろあって、面白いことは面白いですけど。いやあ、やっぱり、源流のところに入らないと分からないですよね。

武田　そうすると、今回の人生の使命というのは、そのあたりにあるのでしょうか。

宇宙人　「金星のユリ星人を創るところから一緒に手伝った」って言ったら、それは使命の偉大《いだい》さが、ちょっと分かってくれそうなもんですけど。

武田　（笑）そうですね。

宇宙人　だから、（宗務本部に）いないと。ちゃんと具体化する存在が必要なんだということです。

いやあ、それは、〝バナナを食べるお猿《さる》さん〟も必要だし、〝魚を突き刺《さ》すトドさん〟も必要だと、私は思いますけども、やっぱり、そういう理系的な翻訳《ほんやく》能力を持った人も要《い》るんじゃないでしょうか。

本人も、もうすぐ三年生になりますけどね（収録当時）。HSU全体が就職に向かって、みんな起動がかかっていますけど。もう、早めに宗務本部から〝唾《つば》をつけ〟に来てもいいんじゃないですかね。

武田　（笑）

宇宙人　どうなんですかね。「君のために研究室を用意してるから」という。HSUの研究室では、あれはもう、昆虫食《こんちゅうしょく》か何かをつくらされるぐらいの感じにはなりそうなので。まあ、それはあってもいいですけど、ほかの人でもできないことはないので。

もうちょっと源流にね、企画部門としていろいろ勉強しながら、何かソフト開発部門を持っておきたいなあ。

いやあ、（宗務本部に）副校長先生がいらっしゃるなんていうのは、それは、いい〝あれ〟ですよね。やっぱり何か、ねえ？

（久保田に）尊敬申し上げております。

久保田　いや……（苦笑）。

宇宙人　ほんとにね、尊敬申し上げております。副校長先生も、未来の学問をつくりたいですよね。

武田　はい。分かりました。

宇宙人　そう、繰り返し言っておかないといけないなあ。

武田　お気持ちは、了解《りょうかい》しました。

7　どのような姿をした宇宙人なのか

自身の姿は「ホワイトナイト」を理系にしたイメージ？

武田　たいへん恐縮《きょうしゅく》なんですけれども、「宇宙人リーディング」では、（『特別版宇宙人リーディング――多様なる宇宙人編――』〔監修《かんしゅう》・大川隆法／宗教法人幸福の科学刊〕を取り出して）このような、通称《つうしょう》『宇宙人図鑑《ずかん》』等で、みなさんを分類することになっており、今後の映画制作の参考にもしております。

まず、あなた様は、どのような宇宙人に分類されるのでしょうか。先ほど、「何星人か」と伺《うかが》ったのですが、どのように表現したらよろしいでしょうか。

宇宙人　そこを決めないと難しいですが。うーん、どんなかたちに形容すると……。ああ、そうか。いちばん自分の好むかたちですよね？

武田　いちばん自然な状態で表現されるとしたら、どうなりますか。

宇宙人　自然……。まあ、昔、「宇宙のコンピュータ」なんて、すごいことを言うような人もいたから。そこまで言う自信は、私はないんですけども（笑）。うーん……。（約五秒間の沈黙《ちんもく》）まあ、エジソンみたいな感じではないので。（約五秒間の沈黙）うーん……。まあ、イメージ的に見ると、東京正心館《しょうしんかん》の

●鶴川《つるかわ》（晃久《あきひさ》）館長を、理系に変えたような雰囲気《ふんいき》……。

武田　（笑）そうなんですか。なるほど。

●鶴川（晃久）館長　以前の宇宙人リーディングで、鶴川の宇宙時代の過去世は、「ホワイトナイト」と呼ばれるプレアデス星人であることが判明している。『宇宙からのメッセージ』（前掲）等参照。

ちなみに、住んでいる空間というのは、水中か地上か空かといったら、どういうところなんですか。

宇宙人　そうですねえ。今、ちょっと地上に肉体があるので、それとのコミュニケーションをやっている加減で、ずっと宇宙人的でもないんですけれども。そうですねえ……。

まあ、私が言いたかったのは、『鉄腕《てつわん》アトム』のお茶の水博士《はかせ》ってあるじゃないですか。鼻が団子鼻《だんごばな》で、髪《かみ》がモシャモシャの。ああいう姿で描《えが》かれるとちょっと困るので。

やっぱり、白衣の姿のなかに、鶴川さんのホワイトナイトみたいなのを入れて、「ああ、科学者なんだろうな」という感じで。そういう、ホワイトナイト風の美的なイメージが入ったのが、私のイメージだという感じ……。

金星ルーツの宇宙人のイメージイラスト。

プレアデスのホワイトナイトのイメージイラスト。『特別版 宇宙人リーディング』（監修・大川隆法／宗教法人幸福の科学刊）より。

好ましい姿は「パンダに羽が生《は》えたような姿」

武田　そのような姿を希望される方は多いと思うのですが、実際、自分の姿を鏡に映したら、どのようなお姿になるんですか。

宇宙人　いやあ、それは、あなた様に申し上げるのは、たいへん恐縮で。鏡……（笑）。

武田　鏡に映したときに見えるお姿は、何に見えますか。そのままをおっしゃっていただければと思います。

宇宙人　いちばん……。うーん……。

武田　やはり、白衣ですか。

宇宙人　いやあ、それは、着ればそうなるという。何か動物みたいなものを言わせたかったですか。

武田　いえいえ、そんなことはないです。もう、そのまま素直《すなお》に見たいと思っています。

宇宙人　宗務《しゅうむ》では、「自分を低くした者が高くされ、高くした者は低くされる」というふうに聞いているんで。何か嫉妬《しっと》されないような姿を言った人は、ずっと幹部で残れて、あんまり偉《えら》そうに言った人は流れていくというふうには聞いてはいるんですけどね。

そうですね。やっぱり、いちばん好ましい姿としては、パンダに羽が生《は》えたような姿がいちばん好ましいんじゃないですかねえ。

武田　パンダに羽が生えた……（笑）。

大川紫央　とてもうれしいお言葉なんですけれども（笑）。

宇宙人　ちょっと、そちらの仲間に入れてくださいよ。

大川紫央　動物でよろしいんでしょうか。プレアデス

●とてもうれしいお言葉……　大川紫央は著作として、『「パンダ学」入門—私の生き方・考え方—』や絵本「パンダルンダ」シリーズ（共に幸福の科学出版刊）等を発刊している。

とか……。

宇宙人　いやあ、そうしておかないと、関係上、難しくなるでしょ？

大川紫央　プレアデスやベガの方々は、けっこう「人型」の方もおります。

宇宙人　だって、トド、猿《さる》、ほかにも、そんな変な人……、いやいや、〝動物〟をいろいろ持っておられる。

武田　（笑）

宇宙人　これがだいたい幹部なんでしょ？　だから、それはねえ、やっぱり、気をつけないといけないですから。パンダがいちばん今、安全な……。

大川紫央　でも、おそらくパンダはそんなに手先が使えないと思います（笑）（会場笑）。

宇宙人　いやあ、大丈夫《だいじょうぶ》なんですよ。パンダはね、五本の指と思うが、実は七本もあるんですよ。

大川紫央　七本……。

宇宙人　だからね、まだ秘密の二本が隠《かく》れているんですよ。

武田　では、色合いは白黒に近いんですか。

宇宙人　ええ。だから、ええとね、パンダの着ぐるみに鶴川さんを入れて……

（会場笑）。

武田　難しいですね。

宇宙人　パンダの着ぐるみに入れて、羽を生やしたらっていう、まあ、そんな感じぐらいで、私は、今回は行きたいと思っております。

武田　不思議な感じですね。

大川紫央　まあ、人型の方も、いらっしゃることはいらっしゃるので。

宇宙人　パンダっていうのはね、もうすべてのすべてなんですよ。

大川紫央　（笑）

宇宙人　始まりなんです。それは、神が最も愛された動物なんですよ。

大川紫央　いえいえ。そんなことはありません（笑）。

宇宙人　そうなんですよ。神が最も愛された動物なんです。

「機動性のあるパンダ」のような姿？

武田　そうなると、二本の手と二本の足。

宇宙人　ええ。

武田　尻尾《しっぽ》はありますか。

宇宙人　まあ、短いのが……。

武田　短いものがあるんですね？

宇宙人　うん。

武田　そして、羽はあるんですね？

宇宙人　ええ。羽があったほうが、空を飛びやすいですから、なるべくは。

武田　飛べるということですか。

宇宙人　うん。

武田　それで、パンダさんのような形というか、フォルムをしているんですね。

宇宙人　でも、鶴川さんを着ぐるみに入れたら、あのままでは物足りないから、絶対に飾《かざ》りをつけたくなるはずでしょうね。そんな感じ。

武田　どのようなお顔をされているんですか。

宇宙人　それは、できれば、プレアデス系の顔にはしたいと思っておりますが。

武田　（笑）「できれば」ですか。

宇宙人　はい。「パンダをプレアデスに移したらどうなるか」という公案《こうあん》ですね。

武田　公案？

宇宙人　うん。（質問者の武田が手に持って開いている『特別版　宇宙人リーディング――多様なる宇宙人編――』〔前掲《ぜんけい》〕の、「アンドロメダ銀河の総司令官」について載《の》っているページを見て）だから、〝熊《くま》〟が出ましたよね。

武田　はい。

宇宙人　（大川）裕太《ゆうた》さんに嫉妬されてはいけないので、嫉妬されないようなあたりで抑《おさ》えなければいけない。

武田　例えば、具体的にどのようなものでしょうか。

宇宙人　裕太さんが立派に見えるぐらいの感じで、空を飛べるパンダぐらいの感じ。

武田　いや、細《こま》かくおっしゃっていただかないと、アニメが描《か》けなくなってしまうので、細かく教えてください（笑）（会場笑）。

宇宙人　（舌打ち）（苦笑）

武田　口と鼻は前に出ていますか。

宇宙人　（笑）困ったなあ。はあ、汗《あせ》が出てきた、汗が……。いや、後々《あとあと》残りますからね、ほんとねえ。実にまずいですよね。

武田　みなさん、残していますので。これがストックになっています。

宇宙人　いやあ、だから、パンダが眼鏡《めがね》をかけて……。

武田　眼鏡をかける?

宇宙人　うん。実際上は、眼鏡はもうかかっているかもしれないけども、パンダが眼鏡をかけて、ちょっと、折りたたみ式の羽が付いて……。

武田　口は前に出ていますか。

宇宙人　うーん……（笑）。後ろに口が出てる人はいないから、前でしょうね。

武田　前に出ているわけですね。

宇宙人　ええ、ええ、前ですね。

武田　耳は、どこに付いていますか。

宇宙人　それは、耳は耳ですよね。耳は……（笑）。

武田　（笑）横か上か、ないとか……。

宇宙人　まあ、耳はごく自然体で、お姿に近い……。

武田　横に付いていて、穴が開《あ》いているような感じですか。

宇宙人　うーん、だから、ちょっと、パンダにしてはややスリムに、やや足を長くした感じ。でも、変形しようとすれば、ちょっとマスコットにも変わることはできる。ただ、機動的になろうとしたら、もうちょっとスリムな、機動性を持った感じで。体を隠したい場合は、白衣を着て眼鏡をかけていると。

椅子《いす》に座《すわ》ってコンピュータを操作できる姿ではある

武田　顔も、白か黒なんですか。

宇宙人　まあ、いちおう白黒を基本デザインにはしています。

武田　白黒というと、シマウマが立っているような感じですか。

宇宙人　いやあ（苦笑）、そちらではないですね。やっぱりね、椅子《いす》に座《すわ》れないと駄目《だめ》なんですよ。椅子と机には座ることが多いので、いちおう、そのくらいの体でなければいけないので。

武田　今、伺っていると、もうすでにパンダの枠《わく》からはみ出てしまっているんですが、何か似ている生き物として、われわれが認識できるものはありますか。

宇宙人　うーん……。パンダから外れてますかねえ。

武田　ええ。かなりスリムになるわけですよね。

宇宙人　シマウマと言いましたか、今。

武田　はい。白黒ということだと、ほかには牛とかシマウマとかがあると思います。

宇宙人　でもねえ、シマウマは蹄《ひづめ》だから、あれは、コンピュータのキーが叩《たた》けないですよね。

武田　叩けないですね（笑）。

宇宙人　いちおう指は必要なんですよ。

武田　指ですか（笑）。

宇宙人　指がないと困るんですよね。

武田　地球上で似ている生き物で、何かほかにありませんか。

宇宙人　うーん……、迫《せま》ってくるねえ。

武田　ええ。アニメに描けないと、中途半端《ちゅうとはんぱ》になってしまうんですよね。

宇宙人　アニメに描けないと困る？　ああ、絵がね。（本霊言《れいげん》を書籍《しょせき》にしたときの）表紙がね。表紙が要《い》るから。

武田　はい。

宇宙人　ええとね、だから、「最強の熊の将軍」と、「総裁補佐《ほさ》のパンダ」とを置いて、両者から嫌《きら》われもせず、そして、何となく、自分で満足できるぐらいの姿に描いてくださるとありがたいなと思っております。

武田　「自分が満足する」というのは、あなた様が満足するということですか。

宇宙人　そうそう。「そんなはずは」ということではないぐらいのレベルで収めてくだされば。

武田　そうですか。なるほど。

宇宙人　いちおう、今、宇宙の総司令官の熊様と、偉い偉い、神にいちばん愛されたパンダ様を出されましたので、その中間へんに落としどころを探していただいて。まあ、机と椅子に座りやすく、コンピュータが叩けるぐらいの姿にしていただければありがたいと思います。

武田　では、確認ですが、指は五本でいいんですか。七本ですか。

宇宙人　いやいや、五本ですが、必要があれば七本になります。

武田　変わるんですね？

宇宙人　はい、はい。

武田　では、二本ぐらい、出たり入ったりするわけですか。

宇宙人　そうです、そうです。

武田　足は二本ですね。

宇宙人　ええ。

武田　足の指は何本ですか。

宇宙人　そうですねえ。何か、でも、足の指の数はそんなに多くないような気がちょっとする……。

武田　二本とかでしょうか。

宇宙人　いやあ、四本ぐらいのが多いような気がしますね。

武田　四本ぐらいですか。ほおお。どんな足になっていますか。

宇宙人　いやあ、いちおう、足はちょっと、それは……。

武田　蹄のような感じですか。

宇宙人　いや、そんなことはございません。

武田　そうではないですか。

宇宙人　いちおう、体重を支えながら移動できるようにはしております。

武田　はい。それで、口は前に出ていて、頭に何か……。

宇宙人　口が前に出てる？　今、（くちばしが付いているしぐさをしながら）鳥みたいな言い方をなされたので、ちょっと気をつけないと。

武田　ああ（笑）。若干《じゃっかん》、前に盛り上がっている感じですか。

宇宙人「若干前に」って……（笑）。だけど、動物はみんな、犬だって、狐《きつね》だって、狸《たぬき》だって、みんな出てるでしょう。

武田　そうですよね。そういうタイプってことですね。

宇宙人　うん。

「オバQ」「スター・ウォーズのC《シー》-3PO《スリーピーオー》」のフォルム？
武田　頭には何か付いていますか。
宇宙人　耳があるでしょ。
武田　耳だけですか。
宇宙人　頭に何が付いてるかって……。確かに、「オバQ」みたいな、毛が三本っていう感じにも何か、多少……。
武田　触角《しょっかく》のような感じですか。

宇宙人　こう（頭から三本のものが出ているしぐさをしながら）、アンテナのようなものが、ちょっと三つぐらいあるような気が。三本ぐらいあって、（その先に）丸が付いているような感じの。これはアンテナですかねえ。やっぱり、〝宇宙アンテナ〟みたいなものが、三本ぐらい出てるかもしれませんね。

武田　以前、宇宙人で、そういう方もいらっしゃったかもしれませんね。そのアンテナは、どのような役割があるのですか。

宇宙人　いやあ、それは情報収集しているので。

武田　そのアンテナには、目が付いていたりはしていないですか。（『特別版　宇宙人リーディング――多様なる宇宙人編――』〔前掲〕のゼータB星人のページを見せながら）こういうやつですか（会場笑）。

宇宙人　いや、いや、ハハ（笑）。いや、ハハ（笑）。

武田　頭に三本と、目も……。

宇宙人　そんな方がいらっしゃるんですね。ゼータB……。

武田　ええ。ゼータB。

●**ゼータB星人**　マゼラン星雲のゼータ星に近い、「ゼータB」から来た宇宙人。頭に突起物が3つあり、テレパシー能力を発揮できる。また、目は3つあり、真ん中の目はチョウチンアンコウの突起のように飛び出しており、360度見渡すことができる。『レプタリアンの逆襲Ⅱ』（前掲）参照。

宇宙人　う～ん……。それは正面の情報ですけども、これ（頭の三つのアンテナ）は、確かに後ろにも向くことはできて。

武田　それは目ですか。

宇宙人　いやあ、それは目じゃないですけどね。触角に、ちょっとセンサーが付いてるんですけど。あと横ですね。だから、目はありますので。このへん（アンテナ）は動きながら、レーダー風にいろんな情報を取れるようにしていますね。

武田　目は二つで、別にあると……。

宇宙人　化《ば》け物にしないでください。もうちょっと言うと、化け物になったら嫌《いや》だから。

武田　目は二つで、飛び出ているとか、そういうわけではないんですよね？

宇宙人　目が飛び出てるかどうかですか。そういえば、「スター・ウォーズ」のロボットは、目が出てましたっけ？

武田　「C《シー》-3PO《スリーピーオー》」ですか。

宇宙人　うん。

武田　飛び出ていないですね。

宇宙人　なかったですね？

武田　まん丸で。

宇宙人　出てなかったですよね。

武田　はい。

宇宙人　飛び出るときは壊《こわ》れてるときですよね。

武田　はい。

宇宙人　うーん、じゃあ、出てなくていいんだ。でも、ちょっとだけ……。

武田　つまり、C－3POに似ているということなんですか。

宇宙人　いやあ、ハッハッ（笑）。そういうわけではないんですけど。それは特に好ましいと思ってはいないんですけど。

武田　今、あれが基準になっていたような話だったんですけれども。

宇宙人　自己イメージ的には、あの程度のスリム化はしてはいるんですけどね。まあ、ロボットじゃないので。

武田　ロボットではないんですね。では、あのようなフォルムということで。

宇宙人　私はロボットではないです。

だから、パンダさん、熊さん、レッサーパンダさん。まあ、このあたりの仲間の姿で、ちょっと機能性を付加していただければありがたいですね。

武田　全体観としては、C－3PO的なフォルムなんですね？

宇宙人　いやいや（笑）。どうしてそこまでこだわるんですか（笑）。●あんたは毛がフサフサあるから、それを自慢《じまん》になさってるのかもしれないけど。全部毛が抜《ぬ》かれた、禿《は》げた……。

●あんたは毛がフサフサ……　以前の宇宙人リーディングで、質問者の武田の宇宙時代の過去世は、ケンタウルス座α星の猿型宇宙人であることが判明している。『宇宙からの使者』（幸福の科学出版刊）参照。

武田　毛はないんですか。

宇宙人　あ、毛か。そうですね、うーん……。いやあ、ただ、イメージは星によってちょっと違《ちが》うので。

武田　違うんですね。

宇宙人　まあ、やっぱりね、基本的にエル・カンターレの好まれる姿になるんですよ。うーん、だから……。

武田　では、毛に関しては、あるかないかだけ教えていただけますか（笑）。

宇宙人　毛……（笑）。まあ……。

武田　なければないで、結構ですので（笑）。

宇宙人　いや、それは、どの時代の姿を言っているのか……。最初にですね、神が側近を創ったときに要望された姿っていうのが、やっぱり、幾《いく》つかあるわけですからね。

だから、うーん……。（約十秒間の沈黙）まあ、「ある」と。

武田　ある？

宇宙人　ある。うん、うん。

武田　かろうじてある？

宇宙人　ある。で、いちおう、ファッションで言うと、輪郭《りんかく》のしっかりされた、白黒のシャネル。まあ、「シャネルさんが絵を描いたとしたら、こんな感じで描くかな？」という。

武田　分かりました。細かくありがとうございました。

「男性的要素」と「女性的要素」の両方を持っていた

武田　確認ですが、「何星人か」と言いましたら、「金星人」ということでよろしいですか。

宇宙人　ルーツ的には金星人でいいと思います。

いやあ、ブツブツのイボは付いてませんし、ヒレはありません。水かきもありませんし、粘液《ねんえき》が体を巻いてるということもありません。お腹《なか》が出てるということもありません。

武田　尻尾がちょっと付いてるぐらいで、地上にいて、空中を飛べるということですか。

宇宙人　うーん……。うん、空は飛べます。

●ブツブツのイボは……　金星には、イボガエル型宇宙人がいたことも判明している。『宇宙人リーディング』（前掲）参照。

武田　飛べますね？

宇宙人　うん。飛ぼうと思えば飛ぶことができますが、ただ、デスクワークも可能なスタイルになっています。

武田　大きさは何メートルぐらいですか。

宇宙人　うーん……。いやあ、大きさは人間とそう大きく変わらない。

武田　変わらないですね。

宇宙人　うん。

武田　二メートル行かないぐらいの感じですね。

宇宙人　うん、うん、うん。そんなに変わらない。

武田　男性ですか。

宇宙人　いやあ、「男性か」と言われると、ちょっと、うーん、「両性」ですね。

武田　性別が特にないのですか。

宇宙人　まあ、最初に創ったときには、男女をね、まだ考えていなかったんですよね。

武田　ないんですね。はい。分かりました。

宇宙人　そういう意味で、男性とも女性とも言えるような面があります。
いやあ、性別について言うと、最初ね、エル・カンターレがお考えにならなかった部分がありまして。最初に創ったものは、男性でも女性でもない、両方の要素を持っているものが、わりあい多いんです。それからちょっと分化させていったもんで。
まあ、多少、女性的な面もあります。男性的要素と女性的要素と、両方持っていますが、現在は肉体が男性なので、まあ、男性というふうに思おうと思っています。

8　地球での転生《てんしょう》の秘密に迫《せま》る

過去世《かこぜ》は飛行機を初めて飛ばした人物

武田　最後になりますが、過去世《かこぜ》を幾《いく》つかご紹介《しょうかい》いただきたいと思います。お願いします。

宇宙人　（舌打ち）口頭試問《こうとうしもん》のいちばん難しいあたりで。

（約五秒間の沈黙《ちんもく》）ずっと古い時代じゃ駄目《だめ》なんですよね？

武田　そうですね。

宇宙人　うーん……。ふう……（息を吐《は》く）。ここはですね、（地上の本人が）学生なんで、ちょっと微妙《びみょう》に難しいところがあることはあるんです。卒業してからのほうが、多少いいような気が……。

武田　そうですね。ただ、編集も可能かもしれませんので。

宇宙人　いやあ、最初にお話がありましたように、快《こころよ》い生存が望ましいですからね。やっぱり、無用な争いとか、敵とかはつくらないほうが基本的にはよろしいかとは思うので。

うーん、そうですね。それを出すのがいいかどうか。そうですね……。出して大丈夫《だいじょうぶ》そうなのは、どのあたりだったら大丈夫かなあ。どのあたりだったら大丈夫かなあ。そうですね……。

（約十秒間の沈黙）あっ、このあたりだったら嫉《しっ》妬《と》されないかな。このあたりなら嫉妬されないっていうのも、まあ、ある。

初めて飛行機を飛ばした人。

久保田　ライト兄弟ですか。

宇宙人　はい、そうです。

武田　ああ。

●**ライト兄弟**　アメリカの飛行機製作者である、ウィルバー・ライト（左、1867～1912）とオーヴィル・ライト（1871～1948）の兄弟。自転車店を営むかたわら、飛行機の研究を進め、1903年12月17日、世界初の有人動力飛行に成功。ヨーロッパ各地で飛行を公開するなど、飛行機の実用化に道を拓いた。

宇宙人　うーん、つくったほうかな、どっちかというとね。

武田　つくったほうですか。

宇宙人　うん、うん。うーん。

武田　これは直前世《ちょくぜんせ》でしょうか。

宇宙人　まあ、そうだね。

大川紫央　兄弟のどちらですか。

1905年10月4日に行われた、ライトフライヤー号Ⅲのフライトの様子。航空宇宙博物館（ワシントンD.C.）には、ライトフライヤー号Ⅰが展示されている。

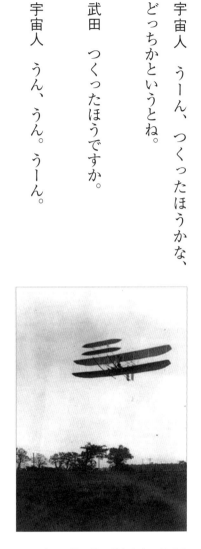

宇宙人　まあ、それは、偉《えら》いほうで（注。ライト兄弟は、共同でガソリンエンジンを積んだ飛行機を研究・製作。世界初の有人動力飛行に成功した後《のち》、兄ウィルバーはライト航空会社を設立して社長を務め、弟オーヴィルは研究者として兄を支えた）。

武田　つくったほうでしたね。

宇宙人　うん。直前世は、それです。だから、そのへんで、そういう空を飛ぶ、航空工学みたいなものに関心があるわけで。延長上に、もうちょっと立派なものをつくりたいなあと。空への関心はあります。

『旧約聖書《きゅうやくせいしょ》』に関係する過去世《かこぜ》を明かす

大川紫央　お聞きしていると、必ずしも理系の枠《わく》だけにはとどまらないようなお仕事もされているのかなと思うのですが。

宇宙人　ええ、それはそうです。必ずしも理系ではありません。理系も好きですけど、理系だけではありません。そうです。おっしゃるとおりです。そのとおりです。確かに、それだけではない部分はありますね。

まあ、（地上の本人の）立場がまだちょっと弱いので、もっと言っていいのかどうか分かりませんが。

あと、言っても大丈夫だと思うのはですね……。

（約二十秒間の沈黙）えっとですね（約五秒間の沈黙）、『旧約聖書《きゅうやくせいしょ》』には関係があると思っていただいてもいいかもしれませんね。『旧約聖書』に関係があります。

まあ、『旧約聖書』でいくと、たくさんありますけども、そのなかの一部として出てきているものに関係があります。たくさんの人が出てきますけどもね。

武田　預言者ということでしょうか。

宇宙人　うん。そういう感じになりましょうかね。（『旧約聖書』には）たくさん、「何とか編」ってありますよね。あのなかの一つです。

武田　では、お名前はあるということですね。

宇宙人　うーん。時代的には、『旧約聖書』の時代なんですけども、『旧約聖書』のなかに入っているのかな、どうかな。「ヤベツの祈《いの》り」っていうものがあるんですけれども、その「ヤベツの祈り」というのを書いた、ヤベツ●という人間として生まれたことはあります。

武田　ヤベツ。

宇宙人　だから、あなたがたで言うと、神への祈願《きがん》みたいなものをつくった人ですかね。けっこう、これ、知る人は知り、影響《えいきょう》の大きなものではあったんですけど。まあ、大して嫉妬されないあたりなんじゃないでしょうか。

でも、影響は大きかったんですよね。よく調べていただければ、存在しますから。今も読まれています。今も読まれていますので。ヤベツという名前で知

●ヤベツ　『旧約聖書』第１歴代誌４章に出てくる人物。イスラエルの神に対し次のように祈ったところ、願いが聞き届けられたとされる。「私を大いに祝福し、私の地境を広げてくださいますように。御手が私とともにあり、わざわいから遠ざけて私が苦しむことのないようにしてくださいますように」

られている者です。
錬金術《れんきんじゅつ》が流行《はや》ったルネッサンスの時代にも

宇宙人　これでは駄目ですかね。ライト兄弟とヤベッツじゃ、間が離《はな》れて、〝ぶっ飛んでしまって〟ますかね。

武田　そうですね。もう少し何かございますでしょうか。

宇宙人　うーん。あとですねえ、言っても構わないと思うものとしては、うーん……。（約十五秒間の沈黙）ああ、ルネッサンスの時代ぐらいには、錬金術《れんきんじゅつ》がとっても流行《はや》っておりまして、錬金術師の一人として存在はしておりました。まあ、科学者の始まりのような存在かな。

日本人にはちょっと、名前的には知られていないですが、錬金術って、とっても流行ったんです、あの時代ね。

だから、理科系的な始まりの部分としては存在してますね。このあたりはみんな、嫉妬されないレベルで申し上げております。

武田　ちなみに、今世《こんぜ》のお父様（の宇宙の魂《たましい》）が●宇宙人リーディングのなかで、ご自身の過去世《かこぜ》をケプラーとおっしゃっていたんですけれども。

宇宙人　うーん、あんまり偉くならないので、ほんと困ってるんですけどね。なんか、「ケプラーだ」と名乗ったら、もっと上げてくれるかと思ったのに、上がってこないですね。

もうちょっと出世していただかないと困ってるんですけどね、息子《むすこ》のほうも。

●宇宙人リーディングのなかで……　『宇宙の中央管制室キーマスター――蟻型ダース・ベイダー編―』（宗教法人幸福の科学刊）参照。

武田　お父様はケプラーでよろしいんですよね？

宇宙人　ええ……、はあ（ため息）。まあ、望遠鏡だけ覗《のぞ》いているような感じといえば、そんな感じかもしれませんね。

でも、ケプラーならもうちょっと何かしなきゃいけないでしょう。

武田　そうですね。

宇宙人　あのままではいけないいんじゃないでしょうか。

武田　あなた自身は、その当時、関係者としていたということはないですか。

宇宙人　まあ、そういうのはあまり趣味《しゅみ》ではないので言わないつもりですね。

お釈迦《しゃか》様やヘルメスの時代には何をしていたのか

宇宙人　もちろん、仏教も関係がないわけではありませんので。仏教も関係ありますよ。あります、あります、あります。仏教もありますね。

武田　いつの時代でしょうか。お釈迦《しゃか》様の時代ですか。

宇宙人　うーん。幾つかはありますね。幾つかはあるので。お釈迦様の時代ということになりますと、何となく尼僧《にそう》だったような気がするので（笑）。ちょっと、尼僧教団にいたような気が、若干《じゃっかん》するので。

武田　お釈迦様のときですね。

宇宙人　そうですね。（大川）咲也加《さやか》様と（大川）紫央様あたりが、二大巨頭《きょとう》でやっておられましたけど、尼僧教団にいた気がするので。ちょっと性別的には、女性のイメージがありますね。まあ、あのあたりは、みんな平等ですので、そんなに突出《とっしゅつ》してというほどのことはございませんけれども、やや神通力《じんつうりき》を持っていたというふうに言われていた者の一人かなと思っています。

武田　錬金術という話がありましたが、ヘルメス様の時代は、何かされていましたか。

● （大川）咲也加様と……　釈尊の時代、大川咲也加はヤショーダラーとして、大川紫央はマハーパジャーパティーとして、それぞれ転生《てんしょう》していたことが判明している。

宇宙人　ああ、そこまで行きますか。ヘルメス様の時代には、今でいくと、防衛省で、「武器」とか「造船」系のほうの仕事を中心的にやっておりました。

武田　軍人というよりは、開発とかをされていた方ということですか。

宇宙人　そうですね。まあ、棟梁《とうりょう》みたいな感じですかね。

武田　棟梁なんですか。

宇宙人　やっぱり、つくらないといけないので、そういうこともやったこともあります。

若干、築城《ちくじょう》みたいなのかな。防塁《ぼうるい》を築いたりするような才能もありましたね。

●ヘルメス　ギリシャ神話におけるオリンポス十二神の一柱《いっちゅう》として知られているが、霊的真実としては、約4300年前、ギリシャの地を中心に「愛」と「発展」の教えを説き、西洋文明の源流となった実在の英雄。地球神エル・カンターレの分身の一人。

まあ、今のところ、なるべく嫉妬されないようなところをスルーしてまいりました。

武田　そうですか。

宇宙人　しかるべきときが来れば、もうちょっと刺激《しげき》するものが出てくるかもしれませんが、今は、なるべく避《さ》けたいと考えておりますので、このへんなら大丈夫なあたりだと思います。

武田　分かりました。本日はまことにありがとうございました。

9　宇宙のさまざまな原理が明らかに

大川隆法　はい（手を二回叩《たた》く）。どうだったでしょうか。参考になりますかね。

武田　今日は、さまざまな原理に関して、初めて伺《うかが》う話がけっこうあったと思います。

大川隆法　ありましたか。

まあ、本人自身が研究もしたい雰囲気《ふんいき》のようですね。

武田　そうですね。

大川隆法　宗務《しゅうむ》の改革案まで言われましたが、厳しいですね。

武田　（笑）

大川隆法　「もったいない」と思っているのかもしれません。

HSU祭に行ったときに、「エル・カンターレを科学したい」というようなことを言っていましたからね。あそこにいたのではできないという感じも持っているのでしょう。

接近してきますね。そういう感じです。副校長の〝コネ〟を使うためにも、最初の発明品として、〝髪《かみ》フサフサの発明〟をしておいてくださるのでしょうか

（会場笑）。なるほど、円形脱毛症《だつもうしょう》（回復のための祈願《きがん》）ができるのですから、原理的にはできないわけではありません。売り出せるといいですね。

武田　ええ、価値がありますね。

大川隆法　期待しておりますので、頑張《がんば》っていただければと思います。気配《きくば》りをなされる方なので、教授や、あるいは、学友たちとの関係を少し気にしながら、お話しなされたような感じはしますが、将来的に考えているようなことの一端《いったん》は分かりました。少なくとも、彼らにとって参考になるような部分はあったのではないかと思います。

あとは、どのようにお考えになるかは、みなさんで相談していただかないといけないでしょう。

武田　はい。

大川隆法　では、ありがとうございました。

質問者一同　ありがとうございました。

あとがき

映画「宇宙の法―黎明編《れいめいへん》―」（The LAWS of the UNIVERSE―PART I）が、この十月十二日、日米同時公開される。そのPRに協力するかの如《ごと》く、この七月頃から、私と家内でUFO映像（写真・動画）をたくさん撮《と》っている日々が続いている。

私はUFOを呼びもしない。何となくベランダに出たくなって、スマホや高性能カメラで撮影《さつえい》すると、ほぼ百％の確率でUFOは写っている。目視《もくし》できない日中でも、夜空を対象にしても、様々《さまざま》な形をしたUFOが写真または動画で写り込んでいるのだ。

家内に撮影させて、私がＵＦＯに向かって話しかけると、相手から（テレパシーで）返事が返ってくるので、会話が成立する。ＵＦＯと宇宙人の解析度《かいせきど》はレベルを上げてきている。

本書は、約二年前に、その問題点にメスを入れた貴重な一冊である。新しい未来科学、宇宙科学への第一歩がここにある。

二〇一八年　八月三十一日

幸福《こうふく》の科学《かがく》グループ創始者兼総裁《そうししゃけんそうさい》

ＨＳＵ（ハッピー・サイエンス・ユニバーシティ）創立者　大川隆法《おおかわりゅうほう》

『宇宙人リーディング 理系秀才編』関連書籍

『太陽の法』（大川隆法 著　幸福の科学出版刊）
『信仰の法』（大川隆法 著　同右）
『ザ・コンタクト』（大川隆法 著　同右）
『レプタリアンの逆襲Ⅱ』（大川隆法 著　同右）
『宇宙人リーディング』（大川隆法 著　同右）
『マイティ・ソーとオーディンの北欧神話を霊査する』（大川隆法 著　同右）
『宇宙からの使者』（大川隆法 著　同右）
『「パンダ学」入門――私の生き方・考え方――』（大川紫央 著　同右）
絵本「パンダルンダ」シリーズ（大川紫央 著　同右）

※左記は書店では取り扱っておりません。最寄りの精舎・支部・拠点までお問い合わせください。

『アルファの法』（大川隆法 著　宗教法人幸福の科学刊）

『宇宙の中央管制室キーマスター――蟻型ダース・ベイダー編――』

（大川隆法 著　同右）

『特別版 宇宙人リーディング――多様なる宇宙人編――』

（大川隆法 監修　宗教法人幸福の科学刊）

宇宙人《うちゅうじん》リーディング 理系秀才編《りけいしゅうさいへん》
──金星ルーツの宇宙人が語る──

2018年 9 月14日　初版第 1 刷

著　者　　大《おお》 川《かわ》 隆《りゅう》 法《ほう》

発行所　　幸福の科学出版株式会社

〒107-0052 東京都港区赤坂 2 丁目 10 番 14 号
TEL(03)5573-7700
https://www.irhpress.co.jp/

印刷・製本　株式会社 研文社

落丁・乱丁本はおとりかえいたします

ISBN978-4-8233-0025-7 C0014
カバー：NASA images/Shutterstock.com ／ FastMotion/Shutterstock.com
装丁・イラスト・写真（上記・パブリックドメインを除く）© 幸福の科学

大川隆法ベストセラーズ・宇宙人リーディングシリーズ

「宇宙の法」入門

宇宙人とUFOの真実

あの世で、宇宙にかかわる仕事をしている6人の霊人が語る、驚愕の真実。宇宙から見た「地球の使命」が明かされる。

1,200円

宇宙人リーディング

よみがえる宇宙人の記憶

イボガエル型金星人、ニワトリ型火星人、クラリオン星人、さそり座の宇宙人、エササニ星人が登場。彼らの母星の特徴、歴史、進化度合いとは。

1,300円

レプタリアンの逆襲Ⅰ・Ⅱ

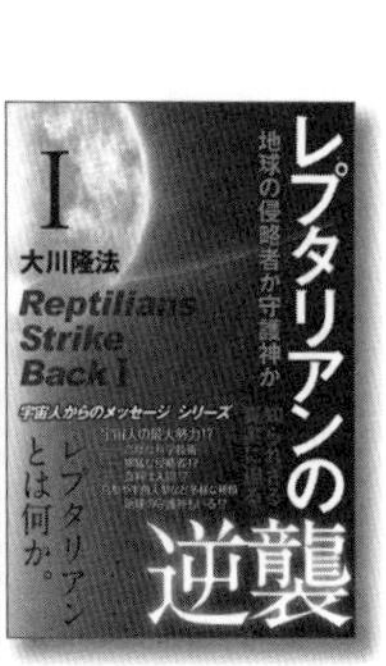

高い技術力と戦闘力を持つレプタリアン。彼らには、多様な種類が存在した。彼らの目的は!? 地球にもたらした「進化」とは!?

1,500円　1,400円

※表示価格は本体価格（税別）です。

大川隆法ベストセラーズ・宇宙人リーディングシリーズ

宇宙人体験リーディング

「富」「癒し」「幸せ」を運ぶ 宇宙からの訪問者

3人が体験した宇宙人接近遭遇には、友好的な宇宙人たちの存在が——。宇宙時代の扉が開かれつつある今、彼らが伝えたいメッセージとは?

1,400円

「宇宙人によるアブダクション」と「金縛り現象」は本当に同じか

超常現象を否定するNHKへの〝ご進講〟

「アブダクション」や「金縛り」は現実にある!「タイムスリップ・リーディング」によって明らかになった、7人の超常体験の衝撃の真相とは。

1,500円

ダークサイド・ムーンの遠隔透視

特別装丁 函入り

月の裏側に隠された秘密に迫る

地球からは見えない「月の裏側」には何が存在するのか? アポロ計画中止の理由や、2013年のロシアの隕石落下事件の真相など、驚愕の真実が明らかに!

10,000円

幸福の科学出版

大川隆法 霊言シリーズ・未来科学の扉を開く

ニュートンの科学霊訓

「未来産業学」のテーマと科学の使命

人類の危機を打開するために、近代科学の祖が示す「科学者の緊急課題」とは――。未知の法則を発見するヒントに満ちた、未来科学への道標。

1,500円

トーマス・エジソンの未来科学リーディング

タイムマシン、ワープ、UFO技術の秘密に迫る、天才発明家の異次元発想が満載！ 未来科学を解き明かす鍵は、スピリチュアルな世界にある。

1,500円

アインシュタイン「未来物理学」を語る

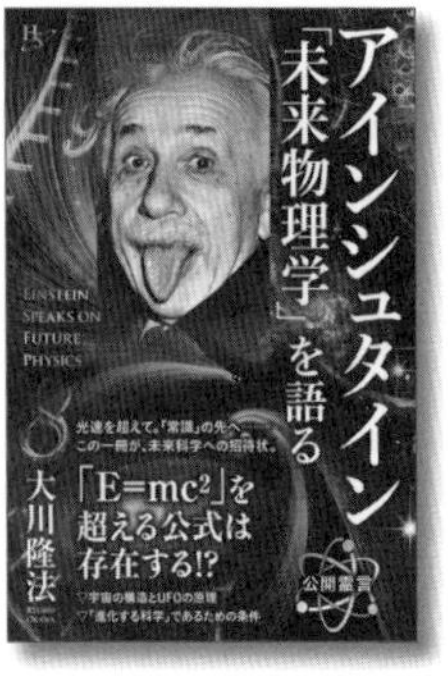

20世紀最大の物理学者が明かす、「光速」の先――。ワームホールやダークマター、UFOの原理など、未来科学への招待状とも言える一冊。

1,500円

※表示価格は本体価格（税別）です。

大川隆法霊言シリーズ・未来科学の扉を開く

トス神降臨・インタビュー アトランティス文明・ピラミッドパワーの秘密を探る

アンチエイジング、宇宙との交信、死者の蘇生、惑星間移動など、ピラミッドが持つ神秘の力について、アトランティスの「全智全能の神」が語る。

1,400円

ロケット博士・糸川英夫の独創的「未来科学発想法」

航空宇宙技術の開発から、エネルギー問題や国防問題まで、「逆転の発想」による斬新なアイデアを「日本の宇宙開発の父」が語る。

1,500円

湯川秀樹のスーパーインスピレーション

無限の富を生み出す「未来産業学」

イマジネーション、想像と仮説、そして直観──。日本人初のノーベル賞を受賞した天才物理学者が語る、未来産業学の無限の可能性とは。

1,500円

大川隆法 ベストセラーズ・新しい学問の挑戦

光り輝く人となるためには

クリエイティブでプロダクティブな人材を目指して

真の学問には「真」「善」「美」がなくてはならない——。芸能と政治のコラボなど、創造性・生産性の高い人材を養成するＨＳＵの圧倒的な教育力とは？

【ＨＳＵ出版会刊】

1,500円

未知なるものへの挑戦

新しい最高学府「ハッピー・サイエンス・ユニバーシティ」とは何か

秀才は天才に、天才は偉人に——。2015年に開学したＨＳＵの革新性と無限の可能性を創立者が語る。日本から始まる教育革命の本流がここにある。

【ＨＳＵ出版会刊】

1,500円

「未来産業学」とは何か

未来文明の源流を創造する

新しい産業への挑戦——「ありえない」を、「ありうる」に変える！　未来文明の源流となる分野を研究し、人類の進化とユートピア建設を目指す。

1,500円

※表示価格は本体価格（税別）です。

大川隆法シリーズ・**最新刊**

公開霊言 ホーキング博士 死後を語る

英語霊言 日本語訳付き

難病を耐え抜いた天才物理学者・ホーキング博士との、死から3週間後のコンタクト。生前、神もあの世も否定した同氏は、死後の世界をどう語るのか──。

1,400円

吉高由里子 人気女優のスピリチュアル・パワー

清純な役からホラーまで、どんな役を演じても必ず自分に戻ってくる──。「霊感」もあるという女優・吉高由里子の演技論と、そのパワーの根源とは?

1,400円

宇多田ヒカル ──世界の歌姫のスピリチュアル・シークレット

鮮烈なデビューから20年、宇多田ヒカルの音楽と魂の秘密へ──。その仕事哲学と素顔に迫る。母・藤圭子からのメッセージも特別収録。

1,400円

想像を絶する、
〝始まり〟へ。
3億3千万年の時空を超えて——いま、
壮大なスケールで描かれる真実の創世記。
この星に込められた、「地球神」の愛とは。
製作総指揮・原案／大川隆法
長編アニメーション映画
宇宙の法 黎明編
The LAWS of the UNIVERSE-PART I
逢坂良太　瀬戸麻沙美　柿原徹也　金元寿子　羽多野 渉　／　千眼美子
梅原裕一郎　大原さやか　村瀬 歩　立花慎之介　安元洋貴　伊藤美紀　浪川大輔
監督／今掛 勇　音楽／水澤有一　総作画監督・キャラクターデザイン／今掛 勇　キャラクターデザイン／須田正己　VFXクリエイティブディレクター／粟屋友美子
アニメーション制作／HS PICTURES STUDIO　幸福の科学出版作品　配給／日活　配給協力／東京テアトル　©2018 IRH Press
10.12［FRI］日米同時公開
laws-of-universe.hspicturesstudio.jp

幸福の科学グループのご案内

宗教、教育、政治、出版などの活動を通じて、地球的ユートピアの実現を目指しています。

幸福の科学

一九八六年に立宗。信仰の対象は、地球系霊団の最高大霊、主エル・カンターレ。世界百カ国以上の国々に信者を持ち、全人類救済という尊い使命のもと、信者は、「愛」と「悟り」と「ユートピア建設」の教えの実践、伝道に励んでいます。

（二〇一八年九月現在）

愛

幸福の科学の「愛」とは、与える愛です。これは、仏教の慈悲《じひ》や布施《ふせ》の精神と同じことです。信者は、仏法真理をお伝えすることを通して、多くの方に幸福な人生を送っていただくための活動に励んでいます。

悟り

「悟り」とは、自らが仏の子であることを知るということです。教学《きょうがく》や精神統一によって心を磨き、智慧《ちえ》を得て悩みを解決すると共に、天使・菩薩《ぼさつ》の境地を目指し、より多くの人を救える力を身につけていきます。

ユートピア建設

私たち人間は、地上に理想世界を建設するという尊い使命を持って生まれてきています。社会の悪を押しとどめ、善を推し進めるために、信者はさまざまな活動に積極的に参加しています。

国内外の世界で貧困や災害、心の病で苦しんでいる人々に対しては、現地メンバーや支援団体と連携して、物心両面にわたり、あらゆる手段で手を差し伸べています。

年間約３万人の自殺者を減らすため、全国各地で街頭キャンペーンを展開しています。

公式サイト **www.withyou-hs.net**

ヘレン・ケラーを理想として活動する、ハンディキャップを持つ方とボランティアの会です。視聴覚障害者、肢体不自由な方々に仏法真理を学んでいただくための、さまざまなサポートをしています。

公式サイト **www.helen-hs.net**

入会のご案内

幸福の科学では、大川隆法総裁が説く仏法真理《ぶっぽうしんり》をもとに、「どうすれば幸福になれるのか、また、他の人を幸福にできるのか」を学び、実践しています。

入会

仏法真理を学んでみたい方へ

大川隆法総裁の教えを信じ、学ぼうとする方なら、どなたでも入会できます。入会された方には、『入会版「正心法語」』が授与されます。

ネット入会 入会ご希望の方はネットからも入会できます。
happy-science.jp/joinus

三帰《さんき》誓願《せいがん》

信仰をさらに深めたい方へ

仏弟子としてさらに信仰を深めたい方は、仏《ぶっ》・法《ぽう》・僧《そう》の三宝《さんぽう》への帰依を誓う「三帰誓願式」を受けることができます。三帰誓願者には、『仏説・正心法語《しょうしんほうご》』『祈願文《きがんもん》①』『祈願文②』『エル・カンターレへの祈り』が授与されます。

幸福の科学 サービスセンター
TEL 03-5793-1727 （受付時間／火～金：10～20時／土・日祝：10～18時）

幸福の科学 公式サイト
happy-science.jp

ハッピー・サイエンス・ユニバーシティ

Happy Science University

ハッピー・サイエンス・ユニバーシティとは

ハッピー・サイエンス・ユニバーシティ（HSU）は、大川隆法総裁が設立された「現代の松下村塾」であり、「日本発の本格私学」です。建学の精神として「幸福の探究と新文明の創造」を掲げ、チャレンジ精神にあふれ、新時代を切り拓く人材の輩出を目指します。

人間幸福学部　経営成功学部　未来産業学部

HSU長生キャンパス TEL **0475-32-7770**

〒299-4325　千葉県長生郡長生村一松丙 4427-1

未来創造学部

HSU未来創造・東京キャンパス

TEL **03-3699-7707**

〒136-0076　東京都江東区南砂2-6-5

公式サイト **happy-science.university**

学校法人 幸福の科学学園

学校法人　幸福の科学学園は、幸福の科学の教育理念のもとにつくられた教育機関です。人間にとって最も大切な宗教教育の導入を通じて精神性を高めながら、ユートピア建設に貢献する人材輩出を目指しています。

幸福の科学学園

中学校・高等学校（那須本校）

2010年4月開校・栃木県那須郡（男女共学・全寮制）

TEL **0287-75-7777** 公式サイト **happy-science.ac.jp**

関西中学校・高等学校（関西校）

2013年4月開校・滋賀県大津市（男女共学・寮及び通学）

TEL **077-573-7774** 公式サイト **kansai.happy-science.ac.jp**

仏法真理塾「サクセスNo.1」

全国に本校・拠点・支部校を展開する、幸福の科学による信仰教育の機関です。小学生・中学生・高校生を対象に、信仰教育・徳育にウエイトを置きつつ、将来、社会人として活躍するための学力養成にも力を注いでいます。

TEL 03-5750-0747（東京本校）

エンゼルプランV TEL 03-5750-0757

幼少時からの心の教育を大切にして、信仰をベースにした幼児教育を行っています。

不登校児支援スクール「ネバー・マインド」 TEL 03-5750-1741

心の面からのアプローチを重視して、不登校の子供たちを支援しています。

ユー・アー・エンゼル!（あなたは天使!）運動

一般社団法人 ユー・アー・エンゼル TEL 03-6426-7797

障害児の不安や悩みに取り組み、ご両親を励まし、勇気づける、障害児支援のボランティア運動を展開しています。

NPO活動支援

いじめから子供を守ろうネットワーク

学校からのいじめ追放を目指し、さまざまな社会提言をしています。また、各地でのシンポジウムや学校への啓発ポスター掲示等に取り組む一般財団法人「いじめから子供を守ろうネットワーク」を支援しています。

公式サイト mamoro.org ブログ blog.mamoro.org

相談窓口 TEL.03-5719-2170

百歳まで生きる会

「百歳まで生きる会」は、生涯現役人生を掲げ、友達づくり、生きがいづくりをめざしている幸福の科学のシニア信者の集まりです。

シニア・プラン21

生涯反省で人生を再生・新生し、希望に満ちた生涯現役人生を生きる仏法真理道場です。定期的に開催される研修には、年齢を問わず、多くの方が参加しています。全国151カ所、海外12カ所で開校中。

【東京校】TEL 03-6384-0778 FAX 03-6384-0779

メール senior-plan@kofuku-no-kagaku.or.jp

幸福実現党

内憂外患《ないゆうがいかん》の国難に立ち向かうべく、2009年5月に幸福実現党を立党しました。創立者である大川隆法党総裁の精神的指導のもと、宗教だけでは解決できない問題に取り組み、幸福を具体化するための力になっています。

幸福実現党 釈量子サイト **shaku-ryoko.net**

Twitter **釈量子@shakuryoko**で検索

党の機関紙
「幸福実現NEWS」

幸福実現党 党員募集中

あなたも幸福を実現する政治に参画しませんか。

○幸福実現党の理念と綱領、政策に賛同する18歳以上の方なら、どなたでも参加いただけます。

○党費:正党員(年額5千円[学生 年額2千円])、特別党員(年額10万円以上)、家族党員(年額2千円)

○党員資格は党費を入金された日から1年間です。

○正党員、特別党員の皆様には機関紙「幸福実現NEWS(党員版)」が送付されます。

*申込書は、下記、幸福実現党公式サイトでダウンロードできます。

住所:〒107-0052 東京都港区赤坂2-10-8 6階 幸福実現党本部

TEL **03-6441-0754** FAX **03-6441-0764**

公式サイト **hr-party.jp** 若者向け政治サイト **truthyouth.jp**

幸福の科学出版

大川隆法総裁の仏法真理の書を中心に、ビジネス、自己啓発、小説など、さまざまなジャンルの書籍・雑誌を出版しています。他にも、映画事業、文学・学術発展のための振興事業、テレビ・ラジオ番組の提供など、幸福の科学文化を広げる事業を行っています。

アー・ユー・ハッピー？
are-you-happy.com

ザ・リバティ
the-liberty.com

幸福の科学出版
TEL **03-5573-7700**
公式サイト **irhpress.co.jp**

THE FACT

ザ・ファクト
マスコミが報道しない
「事実」を世界に伝える
ネット・オピニオン番組

ザ・ファクト 検索

NEW STAR PRODUCTION

ニュースター・プロダクション

「新時代の"美しさ"」を創造する芸能プロダクションです。2016年3月に映画「天使に"アイム・ファイン"」を、2017年5月には映画「君のまなざし」を公開しています。公式サイト **newstarpro.co.jp**

ARI Production

ARI《アリ》 Production《プロダクション》

タレント一人ひとりの個性や魅力を引き出し、「新時代を創造するエンターテインメント」をコンセプトに、世の中に精神的価値のある作品を提供していく芸能プロダクションです。公式サイト **aripro.co.jp**

大川隆法　講演会のご案内

大川隆法総裁の講演会が全国各地で開催されています。講演のなかでは、毎回、「世界教師」としての立場から、幸福な人生を生きるための心の教えをはじめ、世界各地で起きている宗教対立、紛争、国際政治や経済といった時事問題に対する指針など、日本と世界がさらなる繁栄の未来を実現するための道筋が示されています。

2018年7月4日 さいたまスーパーアリーナ「宇宙時代の幕開け」

2017年5月14日 ロームシアター京都「永遠なるものを求めて」

2017年8月2日 東京ドーム「人類の選択」

2018年2月3日 都城市総合文化ホール(宮崎県)「情熱の高め方」

2017年12月7日 幕張メッセ(千葉県)「愛を広げる力」

講演会には、どなたでもご参加いただけます。
最新の講演会の開催情報はこちらへ。⟹

大川隆法総裁公式サイト
https://ryuho-okawa.org